Arndt Beiderwieden, Michael Wagner

Investition und Finanzierung

Ein kompetenzorientiertes Informations- und Arbeitsbuch

1. Auflage

Bestellnummer 36464

Bildungsverlag EINS

Haben Sie Anregungen oder Kritikpunkte zu diesem Produkt?
Dann senden Sie eine E-Mail an 36464_001@bv-1.de
Autoren und Verlag freuen sich auf Ihre Rückmeldung.

www.bildungsverlag1.de

Bildungsverlag EINS GmbH
Hansestraße 115, 51149 Köln

ISBN 978-3-427-**36464**-1

Vorwort

Liebe Schülerinnen, liebe Schüler,

zunächst möchten wir Ihnen zunächst einige Fragen beantworten, die sich zu diesem Zeitpunkt stellen:

Was bedeutet „Investition und Finanzierung"?

Den Wirtschaftsunternehmen ergeht es ähnlich wie Ihnen auch: Sie müssen rechtzeitig in ihre Zukunft investieren, um im Wettbewerb mithalten zu können („Investition"). Und ebenfalls wie Sie müssen auch die Unternehmen darauf bedacht sein, jederzeit ausreichende Geldmittel zu beschaffen, um nicht zahlungsunfähig zu werden („Finanzierung"). Beides ist bei der Vielzahl an Zahlungsströmen in einem Unternehmen keine leichte Aufgabe. Aus diesem Grund handelt es sich bei dem Thema „Investition und Finanzierung" um ein klassisches Kernthema der Betriebswirtschaft. Dabei gibt es viel zu berechnen und zu interpretieren.

Was kommt hier auf Sie zu?

In diesem Buch bearbeiten Sie Schritt für Schritt einen konkreten Praxisfall in der „Athos AG" – einem Industrieunternehmen, in dem eine große Investition getätigt und finanziert werden soll. Im Verlauf dieses Praxisfalles können Sie jederzeit den Fallverlauf mit allen Zwischenergebnissen bis zum Anfang des Buches zurückverfolgen („roter Faden"), um die Zusammenhänge besser verstehen zu können.

Wie sollte man mit diesem Buch arbeiten?

1. Schauen Sie zu Kapitelbeginn immer in das **Inhaltsverzeichnis**. Es hilft Ihnen bei der Orientierung und macht deutlich, was zu tun ist.

2. Informieren Sie sich bitte vor jedem Arbeitsauftrag selbstständig im nachfolgenden **Infotext**. Dieser liefert stets das Fachwissen, das Sie zum Bearbeiten und Verstehen der einzelnen Schritte benötigen. Bedenken Sie dabei: Berechnen ist wichtig, aber nicht alles – Sie müssen auch immer verstehen, was Sie gerade tun und was die Zahlen bedeuten.

3. Greifen Sie bei fachlichen Fragen bitte jederzeit auf das **Glossar** und das **Sachwortregister** am Ende des Buches zurück. Das hilft Ihnen, Probleme selbstständig zu lösen.

4. Irren ist menschlich. Deshalb verwenden Sie bitte für die Arbeit mit diesem Buch einen **weichen Bleistift** (wir empfehlen einen Druckbleistift mit 0,7-B-Mine) und ein **Radiergummi**. So können Sie Fehler schnell und sauber korrigieren und behalten immer die Übersicht.

5. Nutzen Sie auch die Download-Exceldateien, die im Internet unter der Adresse www.bildungsverlag1.de/buchplusweb/36464 nach Eingabe des Zugangscodes (siehe Umschlaginnenseite) hinterlegt sind.

Welche Vorkenntnisse benötigen Sie?

Sie sollten die Bilanz und die Gewinn- und Verlustrechnung aus der Finanzbuchhaltung in Grundzügen kennen und Sie müssen die Dreisatz- und Prozentrechnung beherrschen. Sofern Sie sich darin unsicher fühlen, schließen Sie bitte in eigener Initiative mögliche Lücken. Im Internet finden Sie dazu zahlreiche kostenlose Übungen mit Lösungen.

Danke schön!

Wir möchten uns an dieser Stelle bei allen Personen bedanken, welche die Entwicklung dieses Konzepts tatkräftig und geduldig unterstützt haben – insbesondere bei den Experten aus Banken und Industrie, dem Wertpapierberater Joachim Vater aus Freiburg sowie den Kolleginnen und Kollegen, die das Konzept in ihren Klassen getestet haben. Wir freuen uns auch über Ihre Anregungen und Kritik, die Sie uns jederzeit über den Verlag zukommen lassen können (siehe Seite 2).

Und nun viel Erfolg bei der Arbeit!

Ihre Autoren

Inhaltsverzeichnis

A Einführung

1 Erkunden der Athos AG

Das Unternehmen und seine Leistungen

Die Athos AG mit Sitz in Stuttgart ist ein mittelständischer Hersteller von Industrieprofilen und Rahmenelementen aus Stahl, Aluminium und Kunststoff für weiterverarbeitende Betriebe vieler Branchen, insbesondere für den Fenster- und Fassadenbau. Profile sind längliche Bauteile, die für unterschiedliche Zwecke, beispielsweise für Rahmen aller Art, benötigt werden. Das Unternehmen positioniert sich gegenüber seinen Wettbewerbern mit umweltfreundlichen Herstellungsverfahren.

Von der GmbH zur AG

Die Athos AG wurde 1965 vom Industrieschlosser Marco Welzel in Stuttgart als Gesellschaft mit beschränkter Haftung (GmbH) gegründet.

Da das Unternehmen seit seiner Gründung stetig gewachsen ist, waren immer wieder große Investitionen in moderne Maschinen erforderlich. Vor allem seit Beginn der Globalisierung bedurfte es umfangreicher Investitionen, um im internationalen Wettbewerb bestehen zu können. Zur Beschaffung des erforderlichen Eigenkapitals wurde das Unternehmen 1994 in eine Aktiengesellschaft (AG) umgewandelt.

Vorstand der Athos AG

Organigramm der Athos AG

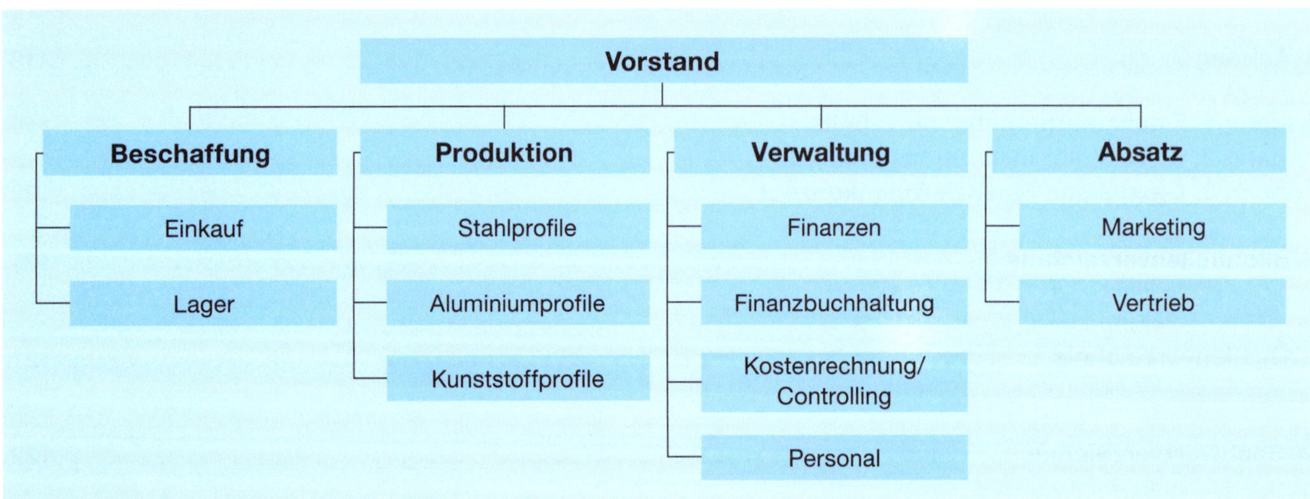

Vorjahresbilanz der Athos AG

Bilanz Athos AG – Vorjahr			
Aktiva (in EUR)			**Passiva (in EUR)**
A. ANLAGEVERMÖGEN		**A. EIGENKAPITAL**	
I. Sachanlagen		1. Gezeichnetes Kapital (Grundkapital)	2.400.000
1. Grundstücke und Bauten	1.688.964	2. Kapitalrücklage	1.524.000
2. Technische Anlagen und Maschinen	4.520.278	3. Gewinnrücklagen	1.360.250
3. Betriebs- und Geschäftsausstattung	774.758	4. Gewinnvortrag	208.822
II. Finanzanlagen	1.978.800	5. Jahresüberschuss (nach Steuern)	928.057
B. UMLAUFVERMÖGEN		**B. RÜCKSTELLUNGEN**	
I. Vorräte		1. Pensionsrückstellungen	1.494.120
1. Roh-, Hilfs- und Betriebsstoffe	1.772.306	2. Steuerrückstellungen	756.134
2. Unfertige Erzeugnisse	2.086.819	3. Sonstige Rückstellungen	1.572.331
3. Fertige Erzeugnisse	1.915.246	**C. VERBINDLICHKEITEN**	
II. Forderungen	7.029.629	1. Verbindlichkeiten gegenüber Kreditinstituten	7.391.400
III. Bankguthaben/Kassenbestand	1.513.200	2. Verbindlichkeiten aus Lieferungen/Leistungen	3.025.886
		3. Sonstige Verbindlichkeiten	2.619.000
	23.280.000		**23.280.000**

Athos AG – Quiz

Bei Bedarf nehmen Sie den nachfolgenden Infotext zu Hilfe.

1. *Ordnen Sie nachfolgende Angaben den Bilanzpositionen der Athos AG zu:*

a) „Sparstrumpf des Unternehmens“: ____________________

b) Fertigungsstraße: ____________________

c) Rentenansprüche der Mitarbeiter gegenüber der Athos AG: ____________________

d) U-Profile im Lager: ____________________

e) Darlehen: ____________________

f) Summe der fiktiven Nennwerte der Athos-Stückaktien: ____________________

g) Computer in den Büros der Verwaltung: ____________________

h) Unbezahlte Ausgangsrechnungen: ____________________

i) Mehrerlös, der bei Aktienausgabe über Nennwert erzielt wurde: ____________________

j) Unbezahlte Eingangsrechnungen: ____________________

k) Kunststoffgranulat: ____________________

2. *Richtig oder falsch?*

a) Der aktuelle Jahresgewinn entspricht dem Eigenkapital. ____________________

b) Bei einer Bilanz sind linke und rechte Bilanzsumme stets identisch. ____________________

c) In der Bilanz können die Aufwendungen/Erträge des Jahres abgelesen werden. ____________________

d) Abschreibungen sind auszahlungswirksam (= führen zu Auszahlungen). ____________________

e) Die Rücklagen stehen am Bilanzstichtag als liquide Mittel zur Verfügung. ____________________

Infotext: Die Bilanz

Die Bilanz eines Unternehmens weist für einen bestimmten Zeitpunkt („Bilanzstichtag") aus, in welche Vermögensgegenstände das betriebliche Kapital investiert ist (Seite der Mittelverwendung: „Aktiva") und wem das Kapital gehört (Seite der Mittelherkunft: „Passiva"). Es gibt unterschiedliche Arten von Bilanzen. Die folgenden Erläuterungen beziehen sich auf die Handelsbilanz (§ 266 HGB):

Aktiva

A Anlagevermögen

- **Immaterielle Vermögensgegenstände:** selbst erschaffene oder entgeltlich erworbene Schutzrechte (z. B. Urheber- bzw. Verwertungsrechte, Patente, Marken, Gebrauchs- und Geschmacksmuster) sowie der Geschäfts-/Firmenwert usw.
- **Sachanlagen:** bebaute und unbebaute Grundstücke, technische Anlagen und Maschinen, andere Anlagen, Betriebs- und Geschäftsausstattung usw.
- **Finanzanlagen:** Anteile an verbundenen Unternehmen, Beteiligungen, Wertpapiere

B Umlaufvermögen

- **Vorräte:** Roh-, Hilfs- und Betriebsstoffe, unfertige und fertige Erzeugnisse und Waren
- **Forderungen:** Forderungen aus Lieferungen und Leistungen (offene Kundenrechnungen)
- **Bankguthaben und Kassenbestand:** liquide Mittel

Passiva

A Eigenkapital

- **Gezeichnetes Kapital:** Grundkapital, das bei Gründung der AG mindestens 50.000,00 EUR betragen muss und die Summe der Nennwerte aller ausgegebenen Aktien darstellt: Man unterscheidet „Nennwertaktien" mit einem definierten Nennwert (häufig 1,00 und 5,00 EUR) und nennwertlose „Stückaktien", deren Wert bei allen Aktien gleich ist und sich dadurch ergibt, dass man das satzungsmäßig festgelegte Grundkapital durch die Anzahl der Aktien teilt („fiktiver Nennwert").
- **Kapitalrücklage:** Wenn bei Ausgabe neuer Aktien der Kurswert an der Börse, der sich durch Angebot und Nachfrage ergibt, höher ist als der (fiktive) Nennwert der Aktie, so ist der Mehrerlös („Agio") in die Kapitalrücklage einzustellen.
- **Gewinnrücklagen:** Gewinnanteile der Vorjahre, die nicht an die Aktionäre als Dividende ausgeschüttet wurden, sondern im Unternehmen einbehalten werden.
- **Gewinnvortrag/Verlustvortrag:** Beim *Gewinnvortrag* handelt es sich um den Restbetrag des Vorjahresgewinns nach beschlossener Gewinnverwendung (Einstellung in Gewinnrücklagen und Dividendenausschüttung an die Aktionäre), der buchhalterisch dem Geschäftsjahr zuzurechnen ist. Der *Verlustvortrag* stellt den Verlust des Vorjahres dar, der buchhalterisch mit dem Gewinn des Geschäftsjahres verrechnet werden kann und damit die Steuerlast des Geschäftsjahres senkt.
- **Jahresüberschuss/Jahresfehlbetrag:** Jahresgewinn des Geschäftsjahres nach Steuern bzw. Verlust, der im abgelaufenen Geschäftsjahr erwirtschaftet wurde.

B Rückstellungen

Verbindlichkeiten, deren Grund bekannt ist, nicht aber deren Höhe und Fälligkeit. Rückstellungen sind daher Fremdkapital, obwohl das Unternehmen diese Beträge über Umsatzerlöse selbst erwirtschaftet hat. Die Bilanz unterscheidet drei Arten von Rückstellungen:

- **Pensionsrückstellungen:** für später auszuzahlende Mitarbeiterpensionen
- **Steuerrückstellungen:** für erwartete Steuernachzahlungen
- **Sonstige Rückstellungen:** für erwartete Gerichtsprozesse, Umsatzausfälle usw.

C Verbindlichkeiten

- **Verbindlichkeiten gegenüber Kreditinstituten:** Bankkredite
- **Verbindlichkeiten aus Lieferungen und Leistungen:** offene Lieferantenrechnungen
- **Sonstige Verbindlichkeiten:** andere Verbindlichkeiten wie Anleihen, Kundenanzahlungen

2 Präsentieren von Zielen und Aufgaben der Finanzwirtschaft

Für eine bevorstehende Betriebsbesichtigung soll nun auch für die Abteilung „Finanzen" eine Kurzpräsentation erstellt werden. Der Leiter der Abteilung Finanzen, Herr Fischer, hat dafür bereits die Inhalte der Präsentation für seine Abteilung auf ein Diktiergerät gesprochen.

Text auf dem Diktiergerät:

(Knacks) „Wenn Sie im internationalen Wettbewerb mithalten wollen, müssen Sie laufend in Ihr Unternehmen investieren. Investieren bedeutet, Geld in konkrete Vermögenswerte stecken – beispielsweise in Computer oder in Software. Wer heute nicht investiert, ist morgen hintendran, schauen Sie sich Nokia an. Bei Investitionen sind je nach Investitionsobjekt Sachinvestitionen (z. B. Maschinen), Finanzinvestitionen (z. B. Kauf von Wertpapieren) und immaterielle Investitionen (z. B. Patente) zu unterscheiden. Abhängig vom Investitionszweck muss man wiederum unterscheiden, ob es sich um eine Gründungsinvestition, eine Erweiterungsinvestition, eine Ersatzinvestition oder eine Rationalisierungsinvestition handelt. Doch wer investiert, der muss auch finanzieren, also das erforderliche Kapital beschaffen. Finanzierung und Investition sind also zwei Seiten derselben Medaille: Die Investition beantwortet die Frage, wofür das Geld ausgegeben werden soll, also die ‚Mittelverwendung', und die Finanzierung beantwortet die Frage, wo es herkommen soll, also die ‚Mittelherkunft'. Sie können übrigens unsere Investitionsentscheidungen auf der Aktivseite und unsere Finanzierungsentscheidungen auf der Passivseite unserer Bilanz ablesen. Doch Finanzierung ist mehr als nur Kapitalbeschaffung: Sie muss vor allem das finanzielle Gleichgewicht des Unternehmens sicherstellen. Zu diesem Zweck werden lang-, mittel- und kurzfristige Finanzpläne aufgestellt, in denen alle Ein- und Auszahlungen einer Periode gegenübergestellt und laufend ausgeglichen werden. Was passiert, wenn ein Unternehmen seine Finanzierung nicht im Griff hat, können Sie in der Bürgel-Statistik nachlesen: Allein in Deutschland gab es 2007 29.160, 2008 30.394, 2009 33.762 und 2010 32.280 Unternehmensinsolvenzen.[1] Das sind alles Unternehmen, die aufgeben mussten, weil sie ihren Zahlungsverpflichtungen nicht mehr nachkommen konnten. Stellen Sie sich das mal vor! Aus diesen traurigen Zahlen lässt sich unmittelbar das erste Ziel der Finanzwirtschaft ableiten, nämlich ‚Liquidität' – was nichts anderes bedeutet, als dass wir jederzeit fälligen Zahlungsverpflichtungen nachkommen können. Als Leiter der Abteilung Finanzen bin ich dafür verantwortlich, dass wir immer liquide, also flüssig sind. Das ist bereits das wichtigste Ziel, denn wenn wir nicht mehr liquide sind, können wir hier das Licht ausmachen. Das zweite Ziel ist die ‚Rentabilität', also das Verhältnis von Gewinn zu eingesetztem Kapital, praktisch seine Verzinsung. Sie können sich vorstellen, dass Liquidität und Rentabilität zwei konkurrierende Ziele sind. Und es gibt noch ein Ziel, das mit der Rentabilität konkurriert: Und das ist ‚Sicherheit' – und zwar deshalb, weil jede Investition mit Risiken behaftet ist und wir hier kein Geld – ich sage mal so salopp – verzocken dürfen. Das letzte Ziel ist die ‚Unabhängigkeit': Unser Vorstand will sich weder unnötig abhängig von den Banken machen, die natürlich ein Wörtchen mitreden wollen, wenn sie uns Kredite geben, noch wollen wir so ohne Weiteres neue Aktionäre aufnehmen, die zwar Geld bringen, aber dafür auch Mitspracherechte fordern. An diesen Zielen orientieren sich alle Entscheidungen unserer Finanzabteilung, die wir gemeinsam mit dem Vorstand und den Fachabteilungen treffen." (Knacks)

Arbeitsaufträge

Sie erhalten den Auftrag, das Diktat in eine lebendige Präsentation mit maximal zwölf Folien (einschließlich Titelfolie und Inhaltsübersicht) umzuwandeln. Herr Fischer legt äußersten Wert darauf, dass ...

- *... die Inhalte strukturiert dargestellt werden (z. B. Baumstrukturen, Aufzählungspunkte,*
- *... auf den Präsentationsfolien nur Stichworte (keine Sätze oder Satzausschnitte) erscheinen,*
- *... die Inhalte so anschaulich wie möglich visualisiert werden (z. B. mit Diagrammen),*
- *... nur die wichtigsten Hauptaussagen auf den Folien erfasst werden.*

1. *Skizzieren Sie die geplanten Folien in Ihrem Heft.*
2. *Erstellen Sie anschließend die Präsentation mit einer Präsentationssoftware.*
3. *Halten Sie Ihre Kurzpräsentation vor Ihren Mitschülern.*

[1] vgl. Bürgel GmbH & Co KG: Firmeninsolvenzen Gesamtjahr 2010 (2010), Seite 2

I Praxisfall „Athos AG“

Zu Beginn des Geschäftsjahres hat der Vorstandsvorsitzende Herr Voss die Marketingleiterin Frau Matthes sowie den Leiter der Abteilung Kostenrechnung/Controlling, Herrn Korte, zu einem Gespräch gebeten. Ziel der Sitzung ist es, die ersten Schritte abzustimmen.

Voss: Guten Morgen Frau Matthes, guten Morgen Herr Korte, schön, dass der Termin nun doch noch geklappt hat!

Matthes: Guten Morgen meine Herren, in der Tat: Wir sollten auch keine Zeit mehr verlieren ...

Korte: Guten Morgen. Worum geht es denn?

Voss: Na dann schießen Sie mal los, Frau Matthes!

Matthes: Es geht darum, eine neue Generation von Rahmenelementen an die Fotovoltaikbranche zu liefern. Es handelt sich dabei um vollständig recycelte Kunststoffelemente, die besonders belastbar und langlebig sind. Die Umstellung auf diese Elemente ist auch für unsere Kunden ein Beitrag zum Umweltschutz – und damit ein wichtiger Wettbewerbsvorteil ...

Voss: Was sagt die Marktforschung?

Matthes: Die sagt: „Go!“ Ich habe die Prognosen der Marktforschung dabei (legt zwei Folien auf):

Absatz- und Umsatzprognose für die Athos AG (Quelle: Marktforschung)			
Jahr	Absatzpotenzial für die Athos AG (Stück)	Plan-Verkaufspreis (EUR/Stück)	Umsatzpotenzial für die Athos AG (EUR)
1	2.400	235,00	564.000,00
2	2.800	235,00	658.000,00
3	3.600	245,00	882.000,00
4	4.400	245,00	1.078.000,00
5	4.800	255,00	1.224.000,00
6	4.800	255,00	1.224.000,00
7	4.800	265,00	1.272.000,00
8	4.400	265,00	1.166.000,00
Σ	**32.000**		**8.068.000,00**

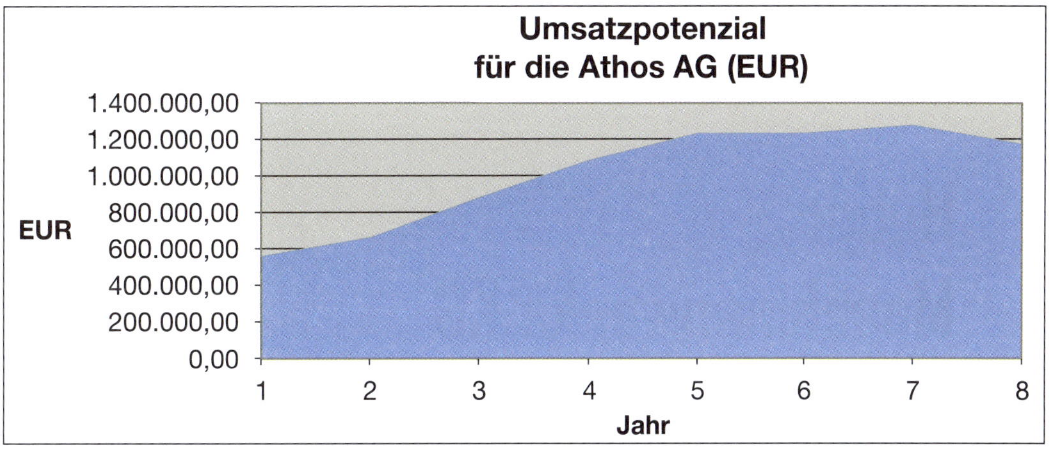

Voss: Das sieht gut aus. Wie verlässlich ist denn diese Prognose?

Matthes: Wir können da sehr sicher sein. Wir haben zahlreiche Gespräche mit unseren Kunden geführt und bereits zwei neue chinesische Interessenten.

Voss: Aber können wir das mit unseren heutigen Produktionskapazitäten leisten?

Korte: Nein, das sieht nach einer bedeutenden Erweiterungsinvestition aus. Wir brauchen dafür eine spezielle Maschine.

Voss: In welcher finanziellen Größenordnung?

Korte: Ich müsste zunächst einige Details in der Produktion erfragen, aber rechnen Sie mal mit rund einer Million EUR.

Voss: Herr Korte, Sie wissen, dass wir uns bei der letzten Investition mit den Kosten gehörig vergaloppiert haben. Ich will keine neue Schlappe riskieren. Vor der endgültigen Entscheidung will ich diesmal eine nachvollziehbare Berechnung der erwarteten Kosten, der Gewinne, der Rentabilität und der Amortisation.

Korte: Das ist selbstverständlich, wir werden umgehend alle erforderlichen Investitionsrechnungen durchführen.

Voss: Und noch etwas: Beschränken Sie sich nicht nur auf unseren Hauslieferanten. Stellen Sie sicher, dass wir zwischen mehreren Alternativen wählen können.

Korte: Ich kümmere mich selbst darum.

Voss: Gut. Dann wollen wir mal schauen, ob sich die Investition auch lohnt. Frau Matthes, Herr Korte, ich wünsche Ihnen einen schönen Tag.

Arbeitsaufträge

1. *Fassen Sie die Situation in eigenen Worten zusammen.*

____

____

____

____

____

____

2. *Welchen idealtypischen Verlauf aus dem Marketing gibt die Grafik des Umsatzpotenzials wieder?*

____

Eine Woche später liegen der Athos AG drei Angebote für die neue Produktionsanlage vor:

Huber
Maschinenwerke KG
München

Huber Maschinenwerke KG
Ubierstraße 7–9
80331 München

Athos AG
Alter Heerweg 12
70374 Stuttgart

München, 21. Januar 20..

Angebot

Sehr geehrter Herr Korte,

hiermit unterbreiten wir Ihnen folgendes Angebot:

ADLER A 9000, Nettoverkaufspreis: 750.000,00 EUR

Technische Daten der Anlage:

Jahreskapazität:	5.000 Stück
Leistung:	120 kW
Raumbedarf:	210 Quadratmeter

Wir weisen darauf hin, dass die Anlage im letzten Test des Fachverbands für Industriemaschinen in Bezug auf Umweltfreundlichkeit mit der Note „gut“ bewertet wurde. Wir bieten Ihnen 4 Jahre Herstellergarantie.

Bei Fragen stehen wir Ihnen gerne und jederzeit zur Verfügung.

Mit freundlichem Gruß

Arthur Dedering

Vertriebsleiter

Hinweis aus dem Einkauf: Der Lieferant gilt als zuverlässig.

Heidelberger Maschinenfabrik GmbH

An der Wieselpforte 25–27
69115 Heidelberg

Athos AG
Alter Heerweg 12
70374 Stuttgart

Heidelberg, 20. Januar 20..

Angebot

Sehr geehrter Herr Korte,

hiermit unterbreiten wir Ihnen folgendes Angebot:

BELESSA L 30, Nettoverkaufspreis: 775.000,00 EUR

Technische Daten:

Kapazität pro Jahr:	5.000 Stück
Leistung:	120 kW
Platzbedarf:	250 Quadratmeter

Auf Ihre Frage betreffend das Testergebnis zur Umweltfreundlichkeit des Fachverbands für Industriemaschinen: Die Anlage erhielt die Note „sehr gut“. Die Herstellergarantie beläuft sich auf 3 Jahre.

Bei Fragen stehen wir Ihnen gerne und jederzeit zur Verfügung.

Mit freundlichem Gruß

Beate Kaluschka

Leitung Verkauf

Hinweis aus dem Einkauf: Der Lieferant gilt als sehr zuverlässig.

ConoTec Anlagenbau GmbH
Heinemannstraße 42
97070 Würzburg

Conotec
Anlagenbau GmbH

Athos AG
Alter Heerweg 12
70374 Stuttgart

Würzburg, 18. Januar 20..

Angebot

Sehr geehrter Herr Korte,

wir freuen uns, Ihnen ein einmaliges Angebot unterbreiten zu können:

CREXXON 400, Nettoverkaufspreis:	570.000,00 EUR

Technische Daten:

Jahreskapazität in Stück:	4.200
Leistung in Kilowatt (kW):	140
Raumbedarf in Quadratmetern:	180

Sie hatten sich nach dem Testergebnis zur Umweltfreundlichkeit erkundigt, das der Fachverband jüngst veröffentlichte. Bei diesem Test erhielt die Anlage die Note „voll ausreichend". Wir gewähren Ihnen 5 Jahre Herstellergarantie.

Bei Fragen stehen wir Ihnen gerne und jederzeit zur Verfügung.
Wir freuen uns über Ihren Auftrag.

Mit freundlichem Gruß

Christian Freese

Geschäftsführer

Hinweis aus dem Einkauf: Der Lieferant gilt als zuverlässig.

Darüber hinaus liegen Ihnen zwei hausinterne Mitteilungen vor:

ATHOS AG – INTERNE MITTEILUNG		
von Abteilung	**an Abteilung**	**Datum**
Controlling: Herr Braun	Controlling: Herr Korte	22. Januar 20..
Betreff:	Betriebskosten der neuen Maschine	

Hallo Herr Korte, ich habe alles zusammengestellt:

Prognose: Betriebskosten der Maschine						
	fixe Kosten			variable Kosten		
Jahr	Raummiete (EUR/qm)	Instandhaltungsfaktor (%)	Gehälter (EUR/Monat)	Fertigungsmaterial (EUR/kg)	Fertigungslohn (EUR/Stunde)	Energie (EUR/kWh)
1	17,00	3 % der Wiederbeschaffungskosten	2.700,00	75,00	25,00	0,16
2	17,00		2.700,00	75,00	25,00	0,16
3	17,00		2.950,00	80,00	28,00	0,16
4	17,00		2.950,00	80,00	28,00	0,16
5	19,00		2.950,00	85,00	30,00	0,20
6	19,00		3.200,00	85,00	30,00	0,20
7	19,00		3.200,00	90,00	32,00	0,20
8	19,00		3.200,00	90,00	32,00	0,20

Sonstige Angaben	
Nutzungsdauer aller Anlagen (Jahre)	8
Kalkulatorischer Zinssatz (pro Jahr)	10 %
Preissteigerungsfaktor Wiederbeschaffung	20 %

Gruß, Braun

ATHOS AG – INTERNE MITTEILUNG		
von Abteilung	**an Abteilung**	**Datum**
Produktion: Dr. Bodenschatz	Controlling: Herr Korte	22. Januar 20..
Betreff:	Produktionsangaben zur neuen Maschine	

Hallo Herr Korte, anbei die angeforderten Informationen:

Produktionshinweise zur neuen Anlage			
	Maschine 1	Maschine 2	Maschine 3
Materialverbrauch (kg pro Stück)	1,5	1,3	1,4
Fertigungsstunden (pro Stück)	1,6	1,6	1,8
Maschinenstunden (pro Stück)	0,6	1,1	1

Gruß, Dr. Bodenschatz

1 Statische Investitionsrechnung

1.1 Vorbereiten der Berechnungen

Um die statischen Investitionsrechnungen durchführen zu können, müssen zunächst für die gesamte Nutzungsdauer jährliche Durchschnittswerte ermittelt werden. Die CREXXON 400 wird überraschend günstig angeboten und soll daher bei den statischen Investitionsrechnungen auch mit berücksichtigt werden, obwohl ihre Jahreskapazität unter der langfristigen Absatzprognose liegt.

Arbeitsaufträge

1. *Ermitteln Sie die durchschnittlichen jährlichen Produktionsmengen und Erlöse für die drei Maschinen unter Berücksichtigung der vorliegenden Absatzprognose. Eine Lagerhaltung ist nicht geplant, d. h., es darf nur so viel produziert werden, wie auch abverkauft werden kann.*

Jährliche Produktionsmengen und Erlöse							
Jahr	Planverkaufspreis (EUR/Stück)	Maschine 1 (ADLER A 9000)		Maschine 2 (BELESSA L 30)		Maschine 3 (CREXXON 400)	
		Jahreskapazität (Stück):		Jahreskapazität (Stück):		Jahreskapazität (Stück):	
		Produktionsmenge (Stück)	Jahreserlös (EUR/Jahr)	Produktionsmenge (Stück)	Jahreserlös (EUR/Jahr)	Produktionsmenge (Stück)	Jahreserlös (EUR/Jahr)
1							
2							
3							
4							
5							
6							
7							
8							
Ø							

2. *Berechnen Sie für jede Maschine die durchschnittlichen fixen Betriebskosten pro Jahr.*

Jährliche Raummiete				
Jahr	Monatliche Raummiete (EUR/qm)	Maschine 1	Maschine 2	Maschine 3
		Platzbedarf (qm):	Platzbedarf (qm):	Platzbedarf (qm):
		Raumkosten (EUR/Jahr)	Raumkosten (EUR/Jahr)	Raumkosten (EUR/Jahr)
1				
2				
3				
4				
5				
6				
7				
8				
Ø				

Jährliche Instandhaltungskosten				
	Instandhaltungsfaktor	Maschine 1	Maschine 2	Maschine 3
		Wiederbeschaffungskosten (EUR)	Wiederbeschaffungskosten (EUR)	Wiederbeschaffungskosten (EUR)
		Instandhaltungskosten (EUR/Jahr)	Instandhaltungskosten (EUR/Jahr)	Instandhaltungskosten (EUR/Jahr)
Ø				

Jährliche Gehälter	
Jahr	(EUR/Jahr)
1	
2	
3	
4	
5	
6	
7	
8	
Ø	

3. *Berechnen Sie für jede Maschine die durchschnittlichen variablen Betriebskosten pro Jahr.*

Jährliche Kosten für Fertigungsmaterial							
Jahr	Kosten für Fertigungsmaterial (EUR/kg)	Maschine 1		Maschine 2		Maschine 3	
		Materialverbrauch pro Stück (kg):		Materialverbrauch pro Stück (kg):		Materialverbrauch pro Stück (kg):	
		Produktionsmenge (Stück)	Materialeinzelkosten (EUR/Jahr)	Produktionsmenge (Stück)	Materialeinzelkosten (EUR/Jahr)	Produktionsmenge (Stück)	Materialeinzelkosten (EUR/Jahr)
1							
2							
3							
4							
5							
6							
7							
8							
Ø							

Jährliche Fertigungslöhne							
Jahr	Fertigungslohn (EUR/Stunde)	Maschine 1		Maschine 2		Maschine 3	
		Fertigungsstunden pro Stück:		Fertigungsstunden pro Stück:		Fertigungsstunden pro Stück:	
		Produktionsmenge (Stück)	Löhne (EUR/Jahr)	Produktionsmenge (Stück)	Löhne (EUR/Jahr)	Produktionsmenge (Stück)	Löhne (EUR/Jahr)
1							
2							
3							
4							
5							
6							
7							
8							
Ø							

Jährliche Energiekosten							
Jahr	Strompreis (EUR/kWh)	Maschine 1		Maschine 2		Maschine 3	
		Leistung der Maschine (kW):		Leistung der Maschine (kW):		Leistung der Maschine (kW):	
		Maschinenstunden pro Stück:		Maschinenstunden pro Stück:		Maschinenstunden pro Stück:	
		Produktionsmenge (Stück)	Energiekosten (EUR/Jahr)	Produktionsmenge (Stück)	Energiekosten (EUR/Jahr)	Produktionsmenge (Stück)	Energiekosten (EUR/Jahr)
1							
2							
3							
4							
5							
6							
7							
8							
Ø							

1.2 Berechnen von Kosten, Gewinn, Rentabilität und Amortisation

Arbeitsaufträge

1. *Führen Sie nun mithilfe Ihrer Ergebnisse und des nachfolgenden Infotextes die statischen Investitionsrechnungen durch.*

STATISCHE INVESTITIONSRECHNUNGEN (durchschnittliche Angaben pro Jahr)				
		Maschine 1	**Maschine 2**	**Maschine 3**
	Anschaffungskosten (EUR)			
	Wiederbeschaffungskosten (EUR)			
	Nutzungsdauer (Jahre)			
	Kalkulatorischer Zinssatz (%)			
	Produktionsmenge (Stück)			
	Jahreserlös (EUR)			
KOSTENVERGLEICHSRECHNUNG				
	Kalkulatorische Abschreibungen (EUR)			
+	Kalkulatorische Zinsen (EUR)			
+	Raumkosten (EUR)			
+	Instandhaltungskosten (EUR)			
+	Gehälter (EUR)			
=	**Fixe Kosten (EUR)**			
	Fertigungsmaterial (EUR)			
+	Fertigungslöhne (EUR)			
+	Energiekosten (EUR)			
=	**Variable Kosten (EUR)**			
=	**Gesamtkosten (EUR)**			
:	Produktionsmenge (Stück)			
=	**Stückkosten (EUR)**			
GEWINNVERGLEICHSRECHNUNG				
	Jahreserlös (EUR)			
–	Gesamtkosten (EUR)			
=	**Gewinn (EUR)**			
:	Produktionsmenge (Stück)			
=	**Stückgewinn (EUR)**			
RENTABILITÄTSVERGLEICHSRECHNUNG				
	Gewinn + kalk. Zinsen (EUR)			
:	Durchschn. gebundenes Kapital (EUR)			
=	**Rentabilität (%)**			
AMORTISATIONSRECHNUNG				
	Anschaffungskosten (EUR)			
:	Gewinn + Abschreibungen (EUR)			
=	**Amortisation (Jahre)**			

2. *Interpretieren Sie die Ergebnisse der Kostenvergleichsrechnung und erläutern Sie die Bedeutung der Stückkosten in diesem Zusammenhang.*

3. *Ermitteln Sie mithilfe des Infotextes die kostenkritische Menge der beiden Anlagen mit den geringsten Stückkosten und leiten Sie eine Schlussfolgerung für die Athos AG ab.*

4. *Diskutieren Sie kritisch das Ergebnis der Gewinnvergleichsrechnung.*

5. *Interpretieren Sie das Ergebnis der Rentabilitätsvergleichsrechnung im Vergleich zur Verzinsung von Ihnen bekannten Geldanlagen.*

6. *Interpretieren Sie das Ergebnis der Amortisationsrechnung.*

Infotext: Statische Investitionsrechnungen

Statische Investitionsrechnungen stellen aus Gründen der Vereinfachung nur die **durchschnittlichen** Kosten und Erlöse der Investitionsobjekte eines Jahres gegenüber. Es wird also nur *ein* Jahr betrachtet, welches als repräsentativ für die gesamte Nutzungsdauer gilt. Deshalb sind im Vorfeld alle erforderlichen Durchschnittswerte zu ermitteln. Statische Investitionsrechnungen werden auch als „Praktikerverfahren" bezeichnet, weil sie einfach und unkompliziert durchzuführen sind.[1] Folgende vier Verfahren sind zu unterscheiden:

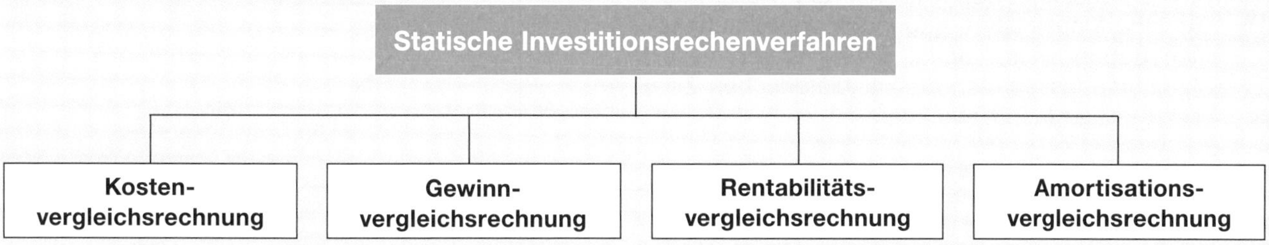

Kostenvergleichsrechnung

Für die Kostenvergleichsrechnung werden die Investitionskosten in fixe (produktionsmengenunabhängige) und variable (produktionsmengenabhängige) Kosten zerlegt:

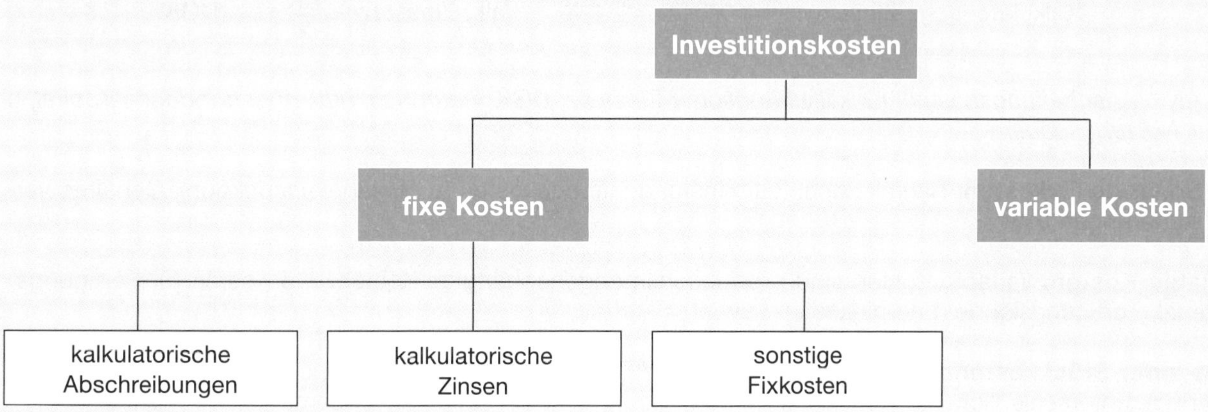

- **Fixkosten**

  - **Kalkulatorische Abschreibungen:** Die Wertminderungen von Investitionsobjekten im Zeitablauf (z. B. durch Verschleiß, Verwitterung, technischer Fortschritt) werden als Kosten erfasst und gleichmäßig auf alle Perioden der Nutzungsdauer verteilt. Kalkulatorische Abschreibungen stellen damit fixe Kosten einer Periode dar, die in die Verkaufspreise einkalkuliert werden müssen. Da der Unternehmer nach Ablauf der Nutzungsdauer (n) die Anlage durch eine neue ersetzen muss, werden für die Berechnung der kalkulatorischen Abschreibungen nicht die Anschaffungskosten, sondern die erwarteten Wiederbeschaffungskosten (WK) zugrunde gelegt:

$$\text{Kalkulatorische Abschreibungen} = \frac{\text{Wiederbeschaffungskosten}}{\text{Nutzungsdauer}} = \frac{WK}{n}$$

  - **Kalkulatorische Zinsen:** Um die Investition tätigen zu können, benötigt der Unternehmer Kapital in Höhe der Anschaffungskosten. Doch Kapital gibt es nicht umsonst: Banken verlangen Zinsen für ihre Kredite und Eigentümer verlangen eine angemessene Verzinsung ihres Eigenkapitals – einschließlich eines Risikozuschlags. Für den Kostenrechner ist dabei uninteressant, wo das Kapital herkommt, er unterscheidet nicht zwischen Eigen- und Fremdkapital. Vielmehr legt er einen betriebsinternen „kalkulatorischen Zinssatz" (i) fest, welcher sich jedoch am langfristigen Kapitalmarktzins orientiert und eine Risikoprämie beinhaltet. Dieser „kalkulatorische Zinssatz" wird dann mit dem „durchschnittlich gebundenen Kapital" (DGK)[2] multipliziert, welches der Hälfte der Anschaffungskosten entspricht.

[1] vgl. Perridon, Steiner, Rathgeber: Finanzwirtschaft der Unternehmung (2009), Seite 33

[2] Investiertes Kapital ist in dem Investitionsobjekt „gebunden" und damit nicht flüssig bzw. nicht verfügbar.

Denn die Kostenrechnung geht davon aus, dass das eingesetzte Kapital in Höhe der Anschaffungskosten (AK) nicht über die gesamte Nutzungsdauer in dem Investitionsobjekt gebunden ist, sondern über die Umsatzerlöse Jahr für Jahr wieder in das Unternehmen zurückfließt. Im Durchschnitt ist also nur *die Hälfte* der Anschaffungskosten gebunden (durchschnittlich gebundenes Kapital, DGK). Unter dieser Annahme lassen sich die kalkulatorischen Zinsen ganz einfach berechnen:

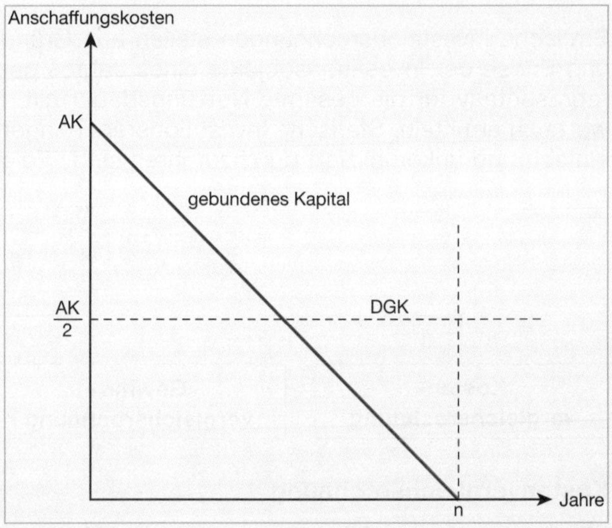

$$\text{Kalkulatorische Zinsen} = \frac{\text{Anschaffungskosten}}{2} \cdot \text{kalk. Zinssatz} = \frac{AK}{2} \cdot i = DGK \cdot i$$

AK = Anschaffungskosten, i = kalkulatorischer Zinssatz, DGK = durchschnittlich gebundenes Kapital, n = Nutzungsdauer

- **Sonstige Fixkosten:** Raumkosten, feste Instandhaltungskosten (z. B. Jahresinspektion), Gehälter, Versicherungen usw.

- **Variable Kosten:** Variable Kosten sind produktionsmengenabhängige Kosten, wie Kosten für Fertigungsmaterial, Fertigungslöhne, Energiekosten usw.

Gesamt- oder Stückkostenbetrachtung: Sofern die zu vergleichenden Investitionsobjekte in der betrachteten Periode unterschiedliche Leistungsmengen erbringen, sagt ein einfacher Gesamtkostenvergleich wenig aus, denn eine Anlage, die mehr leistet, verursacht natürlich auch höhere Gesamtkosten. Da aber gleichzeitig die Fixkosten pro Stück sinken („Fixkostendegression"), werden in diesem Fall die Stückkosten miteinander verglichen.

Kritische Menge: Verursacht ein Investitionsobjekt höhere Fixkosten (K_f) bei geringeren variablen Stückkosten (k_v) als ein Vergleichsobjekt, interessiert sich der Unternehmer für die „kritische Menge", bei der die Summe aus fixen und variablen Kosten beider Investitionsobjekte identisch ist. Oberhalb dieser Menge verursacht die Anlage mit den höheren Fixkosten die geringeren Gesamtkosten.

$$K_1 = K_2$$

$$K_{f1} + k_{v1} \cdot x = K_{f2} + k_{v2} \cdot x$$

$$x = \frac{K_{f2} - K_{f1}}{k_{v1} - k_{v2}}$$

Beispiel:

400.000 + 5 · x = 500.000 + 4 · x

5 · x – 4 · x = 500.000 – 400.000

x = 100.000

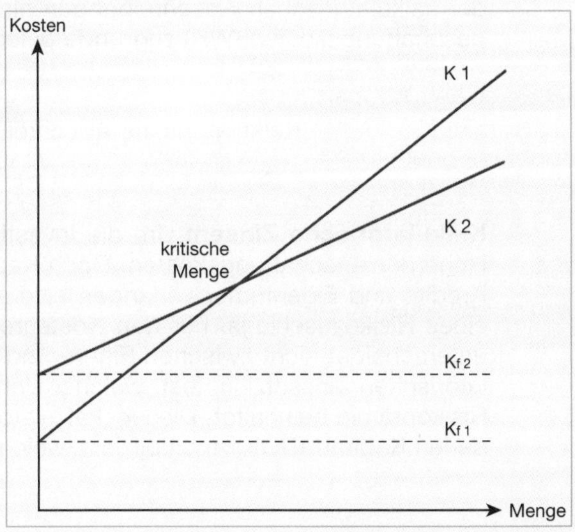

Gewinnvergleichsrechnung

Möglicherweise erwirtschaftet eine Anlage mit hohen Kosten höhere Gewinne als eine Anlage mit geringeren Kosten. Sofern die Höhe der Erlöse realistisch geschätzt und dem Investitionsobjekt direkt zugeordnet werden kann, sollte die Kostenvergleichsrechnung zu einer Gewinnvergleichsrechnung erweitert werden. Dazu sind für jede Investitionsalternative die erwarteten Gesamtkosten (oder Stückkosten) von den erwarteten Gesamterlösen (oder Stückerlösen) abzuziehen. Die Maschine mit den höchsten Gewinnen wird ausgewählt:

$$\text{Gewinn} = \text{Erlöse} - \text{Kosten}$$
$$G = E - K$$

Kritische Menge: Ebenso wie bei der Kostenvergleichsrechnung kann auch bei der Gewinnvergleichsrechnung die kritische Menge ermittelt werden. In diesem Falle sind also nicht die Kosten, sondern die Gewinne beider Anlagen identisch. Entsprechend sind die Gewinne der betrachteten Investitionsobjekte gleichzusetzen:

$$\text{Gewinn Anlage 1} = \text{Gewinn Anlage 2}$$
$$G1 = G2$$

Beispiel:

Erlöse: Produkt 1 = 10 EUR, Produkt 2 = 11 EUR; Kosten: siehe Kostenvergleichsrechnung (oben)

$$10 \cdot x - (400.000 + 5 \cdot x) = 11 \cdot x - (500.000 + 4 \cdot x)$$
$$10 \cdot x - 5 \cdot x - 400.000 = 11 \cdot x - 4 \cdot x - 500.000$$
$$5 \cdot x = 7 \cdot x - 100.000$$
$$-2\,x = -100.000$$
$$x = 50.000$$

Rentabilitätsvergleichsrechnung

Sofern Investitionen mit sehr unterschiedlichem Kapitaleinsatz verbunden sind, ist der einfache Gewinn eine wenig aussagefähige Größe, denn ein Unternehmer wird mehr Euro pro Jahr an Gewinn erwarten, wenn er 2 Mio. EUR investiert, als wenn er nur 50.000 EUR aufwenden muss. Um dennoch „Äpfel mit Birnen“ – also völlig unterschiedliche Investitionsvorhaben – miteinander vergleichen zu können, wird nun die Rentabilität der Investitionsalternativen verglichen. Diese setzt den Gewinn ins Verhältnis zum eingesetzten Kapital und drückt damit die Verzinsung des eingesetzten Kapitals aus (Rentabilität = Gewinn : eingesetztes Kapital). Im Rahmen der Investitionsrechnung sind dabei zwei Aspekte zu bedenken:

- Die **kalkulatorischen Zinsen** wurden oben bereits als kalkulatorische Kosten erfasst. Will der Unternehmer nun wissen, wie sich sein eingesetztes Kapital insgesamt verzinst, dürfen diese nicht als Kosten vom Gewinn abgezogen werden, denn sie stellen ja einen Teil der Gesamtverzinsung des eingesetzten Kapitals dar. Deshalb werden sie für die Berechnung der Rentabilität dem Gewinn hinzugerechnet („Gewinn vor Zinsen“).
- Im Nenner wird nur das **durchschnittlich gebundene Kapital** angesetzt, denn es wird ja unterstellt, dass aufgrund der kontinuierlich eingehenden Umsatzerlöse über die gesamte Nutzungsdauer nur die Hälfte der Anschaffungskosten gebunden ist.

Mit anderen Worten: Um die Rentabilität zu ermitteln, ist der Gewinn vor Zinsen ins Verhältnis zum durchschnittlich gebundenen Kapital zu setzen.

$$\text{Rentabilität} = \frac{(\text{Gewinn} + \text{kalkulatorische Zinsen}) \cdot 100}{\text{Anschaffungskosten} : 2}$$

Amortisationsvergleichsrechnung

Schließlich möchte der Investor auch noch wissen, in welchem Zeitraum das aufgewendete Kapital für die Investition wieder in das Unternehmen gelangt ist. Wenn die Anschaffungskosten zurückgeflossen sind, hat sich die Investition „amortisiert".[1] Je früher das Geld in das Unternehmen zurückfließt, desto besser ist die Liquiditätssituation des Unternehmens.

- **Durchschnittsrechnung:** Die Anschaffungskosten des Investitionsgutes werden durch die durchschnittlichen Rückflüsse („Cashflow") geteilt. Diese Rückflüsse setzen sich zusammen aus dem jährlichem Gewinn und den jährlichen Abschreibungen:

$$\text{Amortisationsdauer} = \frac{\text{Anschaffungskosten}}{\text{durchschnittliche Rückflüsse}} = \frac{\text{Anschaffungskosten}}{\text{Gewinn} + \text{kalk. Abschreibungen}}$$

- ***Totalrechnung (Kumulationsrechnung):*** Bei der Totalrechnung (Kumulationsrechnung) werden die mit einer Investition verbundenen Rückflüsse (Gewinne + Abschreibungen) Periode für Periode aufaddiert, bis sie die Höhe der Anschaffungskosten erreicht haben.

  Beispiel: *In nachfolgender Tabelle wurden 400.000,00 EUR in eine Anlage investiert. Nach vier Jahren hat sich die Anlage amortisiert.*

Amortisationsrechnung als Kumulationsrechnung				
Jahr	kalkulatorische Abschreibung (EUR/Jahr)	Gewinn (EUR/Jahr)	Rückflüsse (EUR/Jahr)	Rückflüsse kumuliert (EUR/Jahr)
1	80.000,00	20.000,00	100.000,00	100.000,00
2	80.000,00	20.000,00	100.000,00	200.000,00
3	80.000,00	20.000,00	100.000,00	300.000,00
4	80.000,00	20.000,00	100.000,00	400.000,00
5	80.000,00	20.000,00	100.000,00	500.000,00

Da die Amortisationsrechnung Zahlungsströme betrachtet, nimmt sie eine Sonderstellung in der statischen Investitionsrechnung ein, da diese sonst ausschließlich mit Kosten und Erlösen rechnet.

[1] Amortisation (lat.): Tilgung, Rückzahlung

2 Dynamische Investitionsrechnung

2.1 Vorbereiten der Berechnungen

Nachdem in der Abteilung „Kostenrechnung/Controlling“ alle statischen Investitionsrechnungen vorgenommen wurden, vereinbart der Leiter der Abteilung Kostenrechnung/Controlling, Herr Korte, einen Gesprächstermin mit Dr. Finke, dem Leiter der Abteilung Finanzen, um weitere Schritte abzustimmen.

Herr Korte: Guten Morgen, Herr Dr. Finke. Ich bin fertig mit meinen Investitionsrechnungen. Eine Maschine sticht deutlich heraus, wir können die Bestellung veranlassen.

Dr. Finke: Guten Morgen, Herr Korte. Als Kostenrechner haben Sie aber vermutlich nur statische Investitionsrechnungen vorgenommen ...

Herr Korte: Richtig. Alles zweimal durchgerechnet und noch einmal überprüft!

Dr. Finke: Dann kann ich ja jetzt die dynamischen Berechnungen draufsatteln ...

Herr Korte: Dynamische Berechnungen? Ist das denn noch nötig? Die statischen Berechnungen liefern doch ein eindeutiges Ergebnis ...

Dr. Finke: Die statischen Verfahren reichen nicht aus, Herr Korte. Schauen Sie: Sie haben ja bei den statischen Berechnungen nur die Kosten und Erlöse zugrunde gelegt – aus Sicht der Kostenrechnung zweifelsohne wichtig und korrekt. Aber ich brauche für meine Finanzplanung die konkreten Ein- und Auszahlungen.

Herr Korte: Das kann ich Ihnen schnell herausrechnen ...

Dr. Finke: Lieber Herr Korte, das ist aber nicht alles: Sie haben bei ihren statischen Investitionsrechnungen ja nur eine Durchschnittsperiode betrachtet und entsprechende Durchschnittswerte angesetzt. Ich muss aber für meine Finanzplanung jedes einzelne Jahr der gesamten Nutzungsdauer für sich betrachten.

Herr Korte: Ist Ihnen die Durchschnittsbetrachtung also zu ungenau?

Dr. Finke: So leid mir das tut, ja. Und es kommt noch etwas dazu: Sie können mit Ihren statischen Berechnungen keine Zinseszinseffekte berücksichtigen – und Sie wissen doch, dass ein Euro heute mehr wert ist als in fünf Jahren. Das darf ich in der Finanzplanung nicht außer Acht lassen.

Herr Korte: Wollen Sie also alle Anlagen noch einmal dynamisch durchrechnen? Ich frage deshalb, weil eine Anlage aus unserer Sicht eindeutig ausscheidet ...

Dr. Finke: Ich prüfe das noch einmal. Wenn es wirklich eindeutig ist, beschränke ich mich mit den dynamischen Berechnungen auf die beiden anderen Anlagen.

Herr Korte: Dann habe ich als Kostenrechner hoffentlich meine Pflicht erfüllt?

Dr. Finke: Ja, vielen Dank, Herr Korte. Ich wünsche Ihnen noch einen schönen Tag.

Herr Korte: Danke, Herr Dr. Finke, den wünsche ich Ihnen auch.

Arbeitsaufträge

1. *Arbeiten Sie die drei Unterschiede zwischen den statischen und den dynamischen Investitionsrechenverfahren in einfachen Worten heraus.*

   a) ______________________________

   b) ______________________________

   c) ______________________________

2. *Bereiten Sie die dynamischen Berechnungen vor, indem Sie für die beiden Maschinen, die in der engeren Wahl sind, die jährlichen Ein- und Auszahlungen über die gesamte Nutzungsdauer in den nachfolgenden Tabellen erfassen.*

Jährliche Ein-/Auszahlungen: Maschine 1 (ADLER A 9000)									
Jahr	Einzahlungen (EUR/Jahr)	Auszahlungen (EUR/Jahr)							
		Anschaffungskosten	Raummiete	Fremdinstandhaltung	Gehälter	Materialkosten	Fertigungslöhne	Energie	Summe Auszahlungen
0									
1									
2									
3									
4									
5									
6									
7									
8									

Jährliche Ein-/Auszahlungen: Maschine 2 (BELESSA L 30)									
Jahr	Einzahlungen (EUR/Jahr)	Auszahlungen (EUR/Jahr)							
		Anschaffungskosten	Raummiete	Fremdinstandhaltung	Gehälter	Materialkosten	Fertigungslöhne	Energie	Summe Auszahlungen
0									
1									
2									
3									
4									
5									
6									
7									
8									

3. *Ermitteln Sie mithilfe des nachfolgenden Infotextes die Abzinsungsfaktoren für die nächsten acht Jahre. Legen Sie dabei den kalkulatorischen Zinssatz der Athos AG (10 % p. a.) zugrunde. Der Abzinsungsfaktor in Dezimalschreibweise ist mit sechs Nachkommastellen gerundet anzugeben.*

Ermittlung der Abzinsungsfaktoren		
Jahr	Abzinsungsfaktor (als mathematischer Bruch)	Abzinsungfaktor (als Dezimalzahl)
0		
1		
2		
3		
4		
5		
6		
7		
8		

4. *Interpretieren Sie die ermittelten Abzinsungsfaktoren.*

Infotext: Auf- und Abzinsen von Zahlungen[1]

Für einen Investor ist ein Euro heute mehr wert als in zehn Jahren – ganz einfach deswegen, weil es Zinsen gibt. Erhält der Investor den Euro heute, so legt er ihn sofort an und erwirtschaftet in zehn Jahren Zinsen und Zinseszinsen. Erhält er ihn stattdessen erst in zehn Jahren, so sind ihm diese Zinsen entgangen. Durch **Aufzinsung** lassen sich diese Zinseszinsen ermitteln, durch **Abzinsung** lässt sich errechnen, welchen Wert ein in der Zukunft erwarteter Geldbetrag heute hat.

Aufzinsung einer einmaligen Zahlung

Leitfrage: „Wie viel ist ein heutiger Geldbetrag in der Zukunft wert?“

Aufzinsung ist die finanzmathematische Berechnung des zukünftigen Wertes einer gegenwärtigen Zahlung unter der Berücksichtigung von Zinseszinsen. Im Folgenden soll der allgemeine Aufzinsungsfaktor hergeleitet werden:

Jahr	Kapital am Jahresanfang	Zinsen	Kapital am Jahresende	Formel
1	1.000,00	100,00	1.100,00	$K_1 = K_0 + K_0 \cdot i$ $K_1 = K_0\,(1 + i)$
2	1.100,00	110,00	1.210,00	$K_2 = K_1 + K_1 \cdot i$ $= K_1\,(1 + i)$ $= K_0\,(1 + i)\,(1 + i)$ $= K_0\,(1 + i)^2$
3	1.210,00	121,00	1.331,00	$K_3 = K_2 + K_2 \cdot i$ $= K_2\,(1 + i)$ $= K_0\,(1 + i)^2\,(1 + i)$ $= K_0\,(1 + i)^3$
n				$K_n = K_0 \cdot (1 + i)^n$

K = Kapital, i = Zins, n = Anzahl Jahre

Der allgemeingültige Term wird als „Aufzinsungsfaktor“ bezeichnet:

Aufzinsungsfaktor $= (1 + i)^n$

Der Aufzinsungsfaktor wird mit dem Anfangskapital K_0 multipliziert. Der Wert, der sich durch Aufzinsung ergibt, wird als „Endwert“ bezeichnet.

Beispiel: *„Welchen Betrag erhält man in drei Jahren, wenn man heute 1.000,00 EUR (K_0) bei 10 % Verzinsung anlegt?“*

$$K_0 \cdot (1 + i)^n = 1.000,00 \cdot (1 + 0,1)^3 = 1.331,00 \text{ EUR}$$

1.000,00 EUR → **K_n = 1.331,00 EUR**

Abzinsung (Diskontierung) einer einmaligen Zahlung

Leitfrage: „Wie viel ist ein zukünftiger Geldbetrag heute wert?“

Abzinsung ist die finanzmathematische Berechnung des gegenwärtigen Wertes („**Barwertes**“) einer zukünftigen Zahlung. Abzinsung ist das Gegenteil von Aufzinsung, entsprechend handelt es sich bei dem gesuchten Abzinsungsfaktor um den Kehrwert des Aufzinsungsfaktors:

$$\textbf{Abzinsungsfaktor}_{\text{einmalige Zahlung}} = \frac{1}{(1 + i)^n}$$

[1] vgl. Ehebrecht u.a. (2012): Finanzierung und Investition, Seite 159 ff.

Beispiel: „Wie hoch ist der heutige Wert von 1.331,00 EUR, die bei einer Verzinsung von 10 % in drei Jahren ausgezahlt werden?"

*Der gesuchte **Barwert C_0** ist das Produkt aus zukünftigem Kapital K_n und Abzinsungsfaktor:*

$$C_0 = K_n \cdot \frac{1}{(1 + i)^n} = 1.331 \cdot \frac{1}{(1 + 0{,}1)^3} = 1.331 \cdot 0{,}751315 = 1.000{,}00 \text{ EUR}$$

C_0 = 1.000,00 EUR ← **1.331,00 EUR**

Abzinsung (Diskontierung) mehrmaliger Zahlungen

Leitfrage: „Wie viel sind in der Zukunft erwartete Raten heute wert?"

Sofern nicht nur eine, sondern mehrere Kapitalbeträge (K_n) zukünftiger Perioden abgezinst werden sollen, sind auch die zwischenzeitlichen Einzahlungen abzuzinsen. In diesem Fall ist das Kapital jeder einzelnen Periode „t" (1, 2, 3 usw.) mit dem jeweiligen Abzinsungsfaktor zu multiplizieren. Damit wird für jede Periode ein Barwert ermittelt. Die Summe der Barwerte wird durch den Wert „C_0" repräsentiert:

$$C_0 = K_1 \cdot \frac{1}{(1 + i)^1} + K_2 \cdot \frac{1}{(1 + i)^2} + K_3 \cdot \frac{1}{(1 + i)^3} + K_n \frac{1}{(1 + i)^n}$$

$$C_0 = \sum_{t=1}^{n} K_t \cdot \frac{1}{(1 + i)^t}$$

$$\textbf{Abzinsungsfaktor}_{\text{mehrmalige Zahlungen}} = \frac{1}{(1 + i)^t}$$

Bei der Abzinsung mehrmaliger Zahlungen ersetzt also der Exponent „t" (= jeweilige Periode 1, 2, 3 usw.) den Exponenten „n" (= Anzahl der Perioden).

Beispiel: „Wie hoch ist der heutige Wert von 3.000,00 EUR, wenn diese bei einer Verzinsung von 10 % in jährlichen Raten in Höhe von je 1.000,00 EUR jeweils am Jahresende ausgezahlt werden?"

$$C_0 = 1.000 \cdot \frac{1}{(1 + 0{,}1)^1} + 1.000 \cdot \frac{1}{(1 + 0{,}1)^2} + 1.000 \cdot \frac{1}{(1 + 0{,}1)^3}$$

$$C_0 = 1.000 \cdot 0{,}909091 + 1.000 \cdot 0{,}826446 + 1.000 \cdot 0{,}751315 = 2.486{,}85 \text{ EUR}$$

C_0 = 2.486,85 EUR ← **1.000,00 EUR** **1.000,00 EUR** **1.000,00 EUR**

Auf den heutigen Tag umgerechnet sind 3.000,00 EUR, die jeweils als Raten von je 1.000,00 EUR am Jahresende ausgezahlt werden, 2.486,85 EUR wert.

Merke: Ein Euro heute ist wertvoller als ein Euro in der Zukunft.

2.2 Berechnen des Kapitalwertes

Arbeitsaufträge

1. *Führen Sie mithilfe des nachfolgenden Infotextes die Kapitalwertmethode für die erste Anlage durch.*

a) *Ermitteln Sie den Kapitalwert mathematisch.*

b) *Ermitteln Sie den Kapitalwert mithilfe der nachfolgenden Tabelle und geben Sie den Abzinsungsfaktor als Dezimalzahl an. Runden Sie auf sechs Nachkommastellen.*

Kapitalwertmethode – Maschine 1 (ADLER A 9000)					
Kalkulatorischer Zinssatz: 10 %					
Jahr	Einzahlungen (EUR/Jahr)	Auszahlungen (EUR/Jahr)	Einzahlungs-überschüsse (EUR/Jahr)	Abzinsungsfaktor (dezimal)	Barwert (EUR)
0					
1					
2					
3					
4					
5					
6					
7					
8					
				Kapitalwert:	

c) *Erläutern Sie Ihr Ergebnis.*

2. *Führen Sie nun auch für die zweite Anlage die Kapitalwertmethode durch.*

a) Ermitteln Sie den Kapitalwert mathematisch.

b) Ermitteln Sie den Kapitalwert mithilfe der nachfolgenden Tabelle und geben Sie den Abzinsungsfaktor als Dezimalzahl an. Runden Sie auf sechs Nachkommastellen.

Kapitalwertmethode – Maschine 2 (BELESSA L 30)					
Kalkulatorischer Zinssatz: 10 %					
Jahr	Einzahlungen (EUR/Jahr)	Auszahlungen (EUR/Jahr)	Einzahlungs-überschüsse (EUR/Jahr)	Abzinsungsfaktor (dezimal)	Barwert (EUR)
0					
1					
2					
3					
4					
5					
6					
7					
8					
				Kapitalwert:	

c) Erläutern Sie Ihr Ergebnis.

Infotext: Kapitalwertmethode

Die Kapitalwertmethode ist ein Verfahren der dynamischen Investitionsrechnung und zeigt dem Investor, ob mit einer Investition unter Berücksichtigung von Zinseszinseffekten eine gewünschte Mindestverzinsung („i“) erreicht wird. Diese entspricht dem kalkulatorischen Zinssatz des Unternehmens.

Zunächst wird die anfängliche Auszahlung (A_0) für die Anschaffung des Investitionsgutes erfasst. Für jede Periode (t) der gesamten Nutzungsdauer des Investitionsgutes werden dann die erwarteten Auszahlungen (A_t) von den erwarteten Einzahlungen (E_t) abgezogen und die Differenz abgezinst (also mit dem Abzinsungsfaktor multipliziert), sodass für jede Periode ein Barwert vorliegt. Die Summe der Barwerte ergibt den gesuchten Kapitalwert (C_0).

Mathematische Ermittlung des Kapitalwertes

$$C_0 = -A_0 + \sum_{t=1}^{n} \frac{(E_t - A_t)}{(1 + i)^t}$$

Beispiel: Eine Anlage (Nutzungsdauer n = 5 Jahre) kostet 100.000,00 EUR, der kalkulatorische Zinssatz (i) des Unternehmens beläuft sich auf 9 %. Über die gesamte Nutzungsdauer werden für jede Periode (t) folgende Einzahlungen (E_t) und Auszahlungen (A_t) erwartet:

$$C_0 = -100.000{,}00 + \frac{25.000{,}00}{(1{,}09)^1} + \frac{25.000{,}00}{(1{,}09)^2} + \frac{35.000{,}00}{(1{,}09)^3} + \frac{35.000{,}00}{(1{,}09)^4} + \frac{10.000{,}00}{(1{,}09)^5}$$

$$= -100.000{,}00 + 22.935{,}78 + 21.042{,}00 + 27.026{,}42 + 24.794{,}88 + 6.499{,}31 = \mathbf{2.298{,}39\ EUR}$$

Tabellarische Ermittlung des Kapitalwertes

Derselbe Sachverhalt kann auch tabellarisch dargestellt werden. Hier werden die Abzinsungsfaktoren entweder, wie oben beschrieben, hergeleitet (1 : 1,09 = 0,917431 usw.) oder aus finanzmathematischen Tabellen (siehe Anhang) übernommen. Durch Runden des Abzinsungsfaktors können geringfügige Abweichungen gegenüber der obigen Herleitung auftreten:

Kapitalwertmethode für Beispielmaschine					
Kalkulatorischer Zinssatz: 9 %					
Jahr	Einzahlungen (EUR/Jahr)	Auszahlungen (EUR/Jahr)	Einzahlungs-überschüsse (EUR/Jahr)	Abzinsungsfaktor	Barwert (EUR)
0	0,00	100.000,00	–100.000,00	1,000000	–100.000,00
1	65.000,00	40.000,00	25.000,00	0,917431	22.935,78
2	65.000,00	40.000,00	25.000,00	0,841680	21.042,00
3	85.000,00	50.000,00	35.000,00	0,772183	27.026,41
4	85.000,00	50.000,00	35.000,00	0,708425	24.794,88
5	50.000,00	40.000,00	10.000,00	0,649931	6.499,31
				Summe (Kapitalwert):	**2.298,38**

Interpretation des Kapitalwertes

- **Kapitalwert > 0:** Das investierte Kapital fließt zuzüglich einer gewünschter Mindestverzinsung in das Unternehmen zurück und wird sogar um die Höhe des Kapitalwertes in EUR übertroffen.
- **Kapitalwert = 0:** Das investierte Kapital fließt zurück, die gewünschte Verzinsung wird erreicht.
- **Kapitalwert < 0:** Die gewünschte Verzinsung wird nicht erreicht. Ein negativer Kapitalwert ist jedoch nicht mit einem erwarteten Verlust gleichzusetzen.

Interpretation des Beispiels: Die Investition erreicht die gewünschte Mindestverzinsung von 9 % und darüber hinaus wird noch ein Gewinn in Höhe von 2.298,38 EUR erzielt.

2.3 Berechnen des internen Zinsfußes

Arbeitsaufträge

1. *Führen Sie mithilfe des nachfolgenden Infotextes für die erste Maschine die interne Zinsfußmethode durch.*

a) Ermitteln Sie den internen Zinsfuß in folgender Tabelle.

Interne Zinsfußmethode- Maschine 1 (ADLER A 9000)					
Jahr	Einzahlungsüberschüsse (EUR/Jahr)	Versuchszinssatz 1:	11 %	Versuchszinssatz 2:	12 %
		Abzinsungsfaktor	Barwert (EUR)	Abzinsungsfaktor	Barwert (EUR)
0					
1					
2					
3					
4					
5					
6					
7					
8					
		Kapitalwert C_{01}:		**Kapitalwert C_{02}:**	

Interner Zinsfuß r =

b) Skizzieren Sie eine grafische Lösung.

c) Erläutern Sie Ihr Ergebnis

2. *Führen Sie nun auch für die zweite Maschine die interne Zinsfußmethode durch.*

a) Ermitteln Sie den internen Zinsfuß in folgender Tabelle.

Interne Zinsfußmethode- Maschine 2 (Belessa L 30)					
Jahr	Einzahlungs-überschüsse (EUR/Jahr)	Versuchszinssatz 1:	12,5 %	Versuchszinssatz 2:	13 %
		Abzinsungsfaktor	Barwert (EUR)	Abzinsungsfaktor	Barwert (EUR)
0					
1					
2					
3					
4					
5					
6					
7					
8					
		Kapitalwert C_{01}:		Kapitalwert C_{02}:	

Interner Zinsfuß r =

b) Skizzieren Sie eine grafische Lösung.

c) Erläutern Sie Ihr Ergebnis.

Infotext: Methode des internen Zinsfußes

Das Ziel der Methode des internen Zinsfußes ist es, bei jährlich schwankenden Zahlungen eine durchschnittliche Verzinsung des investierten Kapitals zu ermitteln. Die Methode des internen Zinsfußes ist folglich verwandt mit der statischen Rentabilitätsvergleichsrechnung. Sie ist jedoch genauer, da sie im Gegensatz zur Rentabilitätsvergleichsrechnung Zinseszinseffekte berücksichtigt.

Anders als die Kapitalwertmethode, die überprüft, in welchem Maße ein vorgegebener Mindestzinssatz erreicht bzw. über- oder unterschritten wird, wird bei der Methode des internen Zinsfußes der Zinssatz gesucht, der zu einem Kapitalwert von null führt. Deshalb wäre die Formel der Kapitalwertmethode (siehe oben) einfach gleich null zu setzen und dann nach dem Zinssatz (i) aufzulösen. Bei mehreren Perioden mit ungleichen Zahlungen ist das jedoch mathematisch nur bedingt möglich, sodass man sich in der Praxis eines allgemeinen Annäherungsverfahrens bedient, das nachfolgend beschrieben werden soll.

Näherungslösung durch lineare Interpolation[1]

Bei diesem Verfahren werden zunächst zwei Versuchszinssätze gesucht, die möglichst nahe am erwarteten internen Zinsfuß liegen. Mit jedem Versuchszinssatz wird jeweils ein Kapitalwert ermittelt, wobei ein Versuchszinssatz zu einem positiven Kapitalwert und der andere zu einem negativen Kapitalwert führen muss:

Interne Zinsfußmethode					
Jahr	Einzahlungsüberschüsse (EUR/Jahr)	Versuchszinssatz 1:	9 %	Versuchszinssatz 2:	11 %
		Abzinsungsfaktor	Barwert (EUR)	Abzinsungsfaktor	Barwert (EUR)
0	–100.000,00	1,000000	–100.000,00	1,000000	-100.000,00
1	25.000,00	0,917431	22.935,78	0,900901	22.522,53
2	25.000,00	0,841680	21.042,00	0,811622	20.290,55
3	35.000,00	0,772183	27.026,41	0,731191	25.591,69
4	35.000,00	0,708425	24.794,88	0,658731	23.055,59
5	10.000,00	0,649931	6.499,31	0,593451	5.934,51
		Kapitalwert C_{01}:	**2.298,38**	**Kapitalwert C_{02}:**	**–2.605,13**

Mithilfe der Näherungsformel der linearen Interpolation kann nun der interne Zinsfuß ermittelt werden:

$$r = p_1 - C_{01} \cdot \frac{p_2 - p_1}{C_{02} - C_{01}}$$

r = interner Zinsfuß
p_1, p_2 = Versuchszinssätze
C_{01}, C_{02} = Kapitalwerte

Beispiel:

$$r = 9 - 2.298,36 \cdot \frac{11 - 9}{-2.605,13 - 2.298,39} = 9,94\ \%$$

Die Investition verzinst also das gebundene Kapital mit 9,94 % und ist betriebswirtschaftlich angezeigt, wenn der kalkulatorische Zins des Unternehmens gleich hoch ist oder darunter liegt.

Grafische Lösung

Die beiden Versuchszinssätze werden auf Höhe der entsprechenden Kapitalwerte abgetragen und miteinander verbunden. Die horizontale Zinsachse wird im internen Zinsfuß geschnitten.

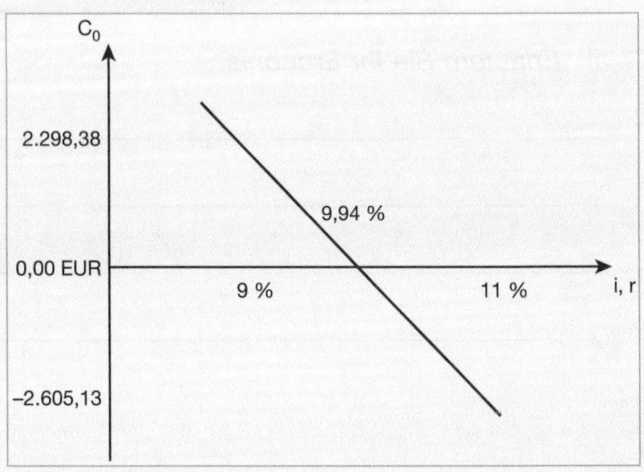

[1] Allgemeines mathematisches Verfahren, bei dem zwei Datenpunkte einer Funktion durch eine Strecke verbunden werden, um die Funktion zwischen beiden Punkten zu schätzen.

3 Berücksichtigen eines Restwertes

Es hat sich herausgestellt, dass die Maschinen nach Ablauf der Nutzungsdauer in der Regel noch einen Restwert aufweisen und durch Verkauf einen Liquidationserlös erbringen können.

Arbeitsaufträge

1. *Führen Sie die statischen Investitionsrechnungen unter Berücksichtigung der erwarteten Restwerte (bereits eingetragen) durch. Nehmen Sie dazu den nachfolgenden Infotext zu Hilfe.*

STATISCHE INVESTITIONSRECHNUNGEN – MIT RESTWERT (durchschnittliche Angaben pro Jahr)				
		Maschine 1	**Maschine 2**	**Maschine 3**
	Anschaffungskosten (EUR)			
	Wiederbeschaffungskosten (EUR)			
	Nutzungsdauer (Jahre)			
	Kalkulatorischer Zinssatz (%)			
	Produktionsmenge (Stück)			
	Jahreserlös (EUR)			
	Restwert (EUR)	75.000,00	77.500,00	57.000,00
KOSTENVERGLEICHSRECHNUNG				
	Kalkulatorische Abschreibungen (EUR)			
+	Kalkulatorische Zinsen (EUR)			
+	Raumkosten (EUR)			
+	Instandhaltungskosten (EUR)			
+	Gehälter (EUR)			
=	**Fixe Kosten (EUR)**			
	Fertigungsmaterial (EUR)			
+	Fertigungslöhne (EUR)			
+	Energiekosten (EUR)			
=	Variable Kosten (EUR)			
=	Gesamtkosten (EUR)			
:	Produktionsmenge (Stück)			
=	Stückkosten (EUR)			
GEWINNVERGLEICHSRECHNUNG				
	Jahreserlös (EUR)			
–	Gesamtkosten (EUR)			
=	**Gewinn (EUR)**			
:	Produktionsmenge (Stück)			
=	**Stückgewinn (EUR)**			
RENTABILITÄTSVERGLEICHSRECHNUNG				
	Gewinn + kalk. Zinsen (EUR)			
:	Durchschn. gebundenes Kapital (EUR)			
=	**Rentabilität (%)**			
AMORTISATIONSRECHNUNG				
	Anschaffungskosten – Restwert (EUR/Jahr)			
:	Gewinn + Abschreibungen (EUR)			
=	**Amortisation (Jahre)**			

Infotext: Berücksichtigen eines Restwertes

Sofern das Investitionsobjekt nach Ablauf der Nutzungsdauer noch über einen Restwert verfügt, kann durch Verkauf des Objekts vielfach noch ein sogenannter Liquidationserlös erzielt werden. Dieser ist bei den statischen und dynamischen Investitionsrechnungen zu berücksichtigen.

Erweiterung der statischen Investitionsrechnung

- **Kostenvergleichsrechnung**

  - **Kalkulatorische Abschreibungen:** Das Investitionsobjekt ist am Ende der Nutzungsdauer nicht vollständig (also auf 0,00 EUR), sondern nur auf den Restwert abzuschreiben, es wird also nur die Differenz aus Wiederbeschaffungskosten und Restwert abgeschrieben:

$$\text{Kalkulatorische Abschreibungen} = \frac{\text{Wiederbeschaffungskosten} - \text{Restwert}}{\text{Nutzungsdauer}} = \frac{WK - RW}{n}$$

  - **Kalkulatorische Zinsen:** Die kalkulatorischen Zinsen sind die Kosten für bereitgestelltes Kapital. Rechnerisch sind sie das Produkt aus durchschnittlich gebundenem Kapital und kalkulatorischem Zinssatz. Unter Berücksichtigung eines Restwertes nimmt das durchschnittlich gebundene Kapital in Höhe des Restwertes zu, denn dieser ist bis zum Ende der Nutzungsdauer im Investitionsobjekt gebunden. Mit anderen Worten: Der Unternehmer betrachtet den in der Anlage gebundenen Restwert von Anfang an als sein Kapital, auf dessen Liquidierung er bis zum Ende der Nutzungsdauer warten muss.

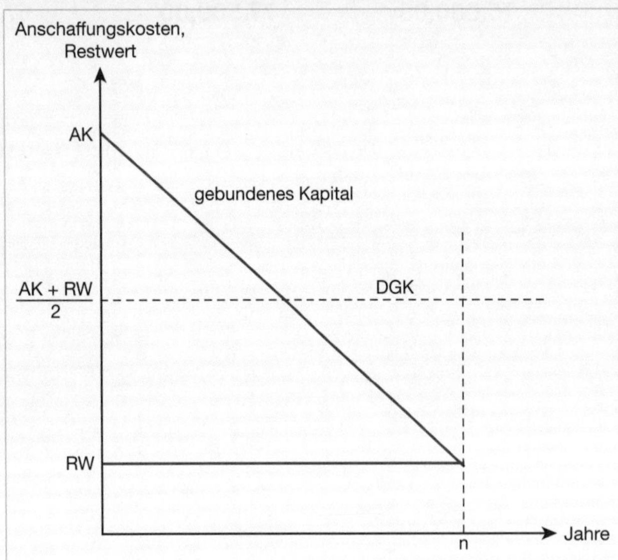

AK = Anschaffungskosten
RW = Restwert
DGK = Durchschnittlich gebundenes Kapital
n = Nutzungsdauer
i = Kalkulatorischer Zinssatz

Mathematische Herleitung des durchschnittlich gebunden Kapitals (DGK):

$$DGK = \frac{(\text{Anschaffungskosten} - \text{Restwert})}{2} + \text{Restwert}$$

$$DGK = \frac{(\text{Anschaffungskosten} - \text{Restwert})}{2} + \frac{\text{Restwert}}{2} + \frac{\text{Restwert}}{2}$$

$$DGK = \frac{\text{Anschaffungskosten} + \text{Restwert}}{2}$$

Allgemein sind die kalkulatorischen Zinsen definiert als Produkt aus durchschnittlich gebundenem Kapital und kalkulatorischem Zinssatz:

$$\text{Kalkulatorische Zinsen} = \text{DGK} \cdot i$$

Unter Berücksichtigung des Restwertes gilt also:

$$\text{Kalkulatorische Zinsen} = \frac{(\text{Anschaffungskosten} + \text{Restwert})}{2} \cdot \text{kalkulatorischer Zinssatz} = \frac{(\text{AK} + \text{RW})}{2} \cdot i$$

- **Gewinnvergleichsrechnung:** Die Formel zur Gewinnvergleichsrechnung bleibt gegenüber der Formel ohne Restwert unverändert, da dieser bereits bei der Berechnung der Kosten berücksichtigt wurde:

$$\text{Gewinn} = \text{Erlöse} - \text{Kosten}$$

- **Rentabilitätsvergleichsrechnung:** Die Rentabilität setzt den Gewinn zuzüglich kalkulatorischer Zinsen ins Verhältnis zum eingesetzten Kapital. Dieses ist nichts anderes als das durchschnittlich gebundene Kapital (siehe oben):

$$\text{Rentabilität} = \frac{(\text{Gewinn} + \text{kalkulatorische Zinsen}) \cdot 100}{(\text{Anschaffungskosten} + \text{Restwert}) : 2}$$

- **Amortisationsvergleichsrechnung:** Die Anschaffungskosten verringern sich um die Höhe des Restwertes:

$$\text{Amortisationsdauer} = \frac{\text{Anschaffungskosten} - \text{Restwert}}{\text{durchschnittliche Rückflüsse}} = \frac{\text{Anschaffungskosten} - \text{Restwert}}{\text{Gewinn} + \text{kalk. Abschreibungen}}$$

Erweiterung der dynamischen Investitionsrechnung

Am Ende der Nutzungsdauer fließt dem Unternehmen ein Liquidationserlös in Höhe des Restwertes zu. Dieser ist mit dem Abzinsungsfaktor der letzten Periode zu multiplizieren. Dazu ist bei den dynamischen Verfahren in tabellarischer Form lediglich eine weitere Zeile („L" wie Liquidationserlös) zu ergänzen, wie am Beispiel der Kapitalwertmethode gezeigt werden soll.

Kapitalwertmethode (mit Liquidationserlös)					
Kalkulatorischer Zinssatz: 9 %					
Jahr	Einzahlungen (EUR/Jahr)	Auszahlungen (EUR/Jahr)	Einzahlungs-überschüsse (EUR/Jahr)	Abzinsungs-faktor	Barwert (EUR)
0	0,00	100.000,00	–100.000,00	1,000000	–100.000,00
1	65.000,00	40.000,00	25.000,00	0,917431	22.935,78
2	65.000,00	40.000,00	25.000,00	0,841680	21.042,00
3	85.000,00	50.000,00	35.000,00	0,772183	27.026,41
4	85.000,00	50.000,00	35.000,00	0,708425	24.794,88
5	50.000,00	40.000,00	10.000,00	0,649931	6.499,31
5 L	5.000,00	0,00	5.000,00	0,649931	3.249,66
				Summe (Kapitalwert):	**5.548,04**

2. *Führen Sie für die ausgewählten Maschinen die dynamischen Investitionsrechnungen unter Berücksichtigung des Liquidationserlöses (Zeile „L“) durch.*

a) Kapitalwertmethode unter Berücksichtigung eines Liquidationserlöses

Kapitalwertmethode (mit Liquidationserlös) – Maschine 1 (ADLER A 9000)					
Kalkulatorischer Zinssatz: 10 %					
Jahr	**Einzahlungen (EUR/Jahr)**	**Auszahlungen (EUR/Jahr)**	**Einzahlungs-überschüsse (EUR/Jahr)**	**Abzinsungsfaktor**	**Barwert (EUR)**
0					
1					
2					
3					
4					
5					
6					
7					
8					
8 L					
				Kapitalwert:	

Kapitalwertmethode (mit Liquidationserlös) – Maschine 2 (BELESSA L 30)					
Kalkulatorischer Zinssatz: 10 %					
Jahr	**Einzahlungen (EUR/Jahr)**	**Auszahlungen (EUR/Jahr)**	**Einzahlungs-überschüsse (EUR/Jahr)**	**Abzinsungsfaktor**	**Barwert (EUR)**
0					
1					
2					
3					
4					
5					
6					
7					
8					
8 L					
				Kapitalwert:	

b) Methode des internen Zinsfußes unter Berücksichtigung eines Liquidationserlöses

Interne Zinsfußmethode (mit Liquidationserlös) – Maschine 1 (ADLER A 9000)					
Jahr	Einzahlungs-überschüsse (EUR/Jahr)	Versuchszinssatz 1: 12 %		Versuchszinssatz 2: 13 %	
		Abzinsungsfaktor	Barwert (EUR)	Abzinsungsfaktor	Barwert (EUR)
0					
1					
2					
3					
4					
5					
6					
7					
8					
8 L					
		Kapitalwert C_{01}:		Kapitalwert C_{02}:	

Interner Zinsfuß r =

Interne Zinsfußmethode (mit Liquidationserlös) – Maschine 2 (BELESSA L 30)					
Jahr	Einzahlungs-überschüsse (EUR/Jahr)	Versuchszinssatz 1: 13 %		Versuchszinssatz 2: 14 %	
		Abzinsungsfaktor	Barwert (EUR)	Abzinsungsfaktor	Barwert (EUR)
0					
1					
2					
3					
4					
5					
6					
7					
8					
8 L					
		Kapitalwert C_{01}:		Kapitalwert C_{02}:	

Interner Zinsfuß r =

4 Einbeziehen qualitativer Entscheidungskriterien

Neben den Investitionsrechnungen als quantitative Entscheidungsgrundlage sollen auch qualitative Entscheidungskriterien zur Bewertung der Angebote einbezogen werden. Zu diesem Zweck verlangt der Vorstand der Athos AG eine nachvollziehbare Nutzwertanalyse.

Arbeitsauftrag

Erstellen Sie mithilfe des nachfolgenden Infotextes eine Nutzwertanalyse als Grundlage für die Investitionsentscheidung der Athos AG. Prüfen Sie dazu sorgfältig die Ihnen vorliegenden Angebote (siehe Kapitelbeginn). Übernehmen Sie aus der statischen und der dynamischen Investitionsrechnung lediglich die Rentabilität als Entscheidungskriterium, auf die der Vorstand großen Wert legt.

Nutzwertanalyse: Bewertung der Investitionsalternativen								
Nr.	Entscheidungs-kriterium	Ge-wich-tung	Gewichtung: 100 % = sehr wichtig; 0 % = unwichtig Bewertung: 10 = sehr gut; 1 = sehr schlecht					
			Maschine 1		Maschine 2		Maschine 3	
			Bewertung (einfach)	Bewertung (gewichtet)	Bewertung (einfach)	Bewertung (gewichtet)	Bewertung (einfach)	Bewertung (gewichtet)
1								
2								
3								
4								
	Summen:							

5 Ableiten einer begründeten Investitionsempfehlung

Arbeitsauftrag

Leiten Sie eine begründete Investitionsempfehlung für den Vorstand der Athos AG ab.

Der Vorstand entscheidet sich für Maschine Nr.:

Infotext: Einsatz der Nutzwertanalyse für Investitionsentscheidungen

Die Nutzwertanalyse (Entscheidungstabelle) hat die Aufgabe, neben den quantitativen auch die qualitativen Entscheidungskriterien objektiv messbar zu machen und damit eine Entscheidung begründet herzuleiten. Die Erstellung der Nutzwertanalyse erfolgt in folgenden Schritten:

1. Entwickeln relevanter Bewertungskriterien
2. Gewichten der Bedeutung des Kriteriums
3. Bewerten des betreffenden Kriteriums
4. Multiplizieren der Gewichtungen mit den Bewertungen
5. Addieren der gewichteten Noten: Die höchste Zahl entspricht der Bestnote.

Beispiel: *Nutzwertanalyse für eine Winterjacke*

Nutzwertanalyse								
Nr.	Entscheidungs-kriterium	Ge-wich-tung	Gewichtung: 100 % = sehr wichtig; 0 % = unwichtig Bewertung: 10 = sehr gut; 1 = sehr schlecht					
			Jacke A		Jacke B		Jacke C	
			Bewertung (einfach)	Bewertung (gewichtet)	Bewertung (einfach)	Bewertung (gewichtet)	Bewertung (einfach)	Bewertung (gewichtet)
1	Wärmeisolierung	20 %	4	**0,8**	5	**1**	6	**1,2**
2	Tragekomfort	30 %	7	**2,1**	9	**2,7**	7	**2,1**
3	Wasserfestigkeit	20 %	3	**0,6**	4	**0,8**	5	**1**
4	Hautverträglichkeit	10 %	6	**0,6**	3	**0,3**	6	**0,6**
5	Funktionalität	10 %	7	**0,7**	5	**0,5**	4	**0,4**
6	Umweltfreundlichkeit	10 %	9	**0,9**	6	**0,6**	5	**0,5**
	Summen:	**100 %**		**5,7**		**5,9**		**5,8**

II Kompaktwissen

Investitionsrechnungsarten

Statische Investitonsrechnungen

- betrachten Kosten und Erlöse
- betrachten eine Durchschnittsperiode
- lassen Zinseszinsen unberücksichtigt

Kosten-vergleichs-rechnung | Gewinn-vergleichs-rechnung | Rentabilitäts-vergleichs-rechnung | Amortisations-vergleichs-rechnung

Dynamische Investitionsrechnungen

- betrachten Ein- und Auszahlungen
- betrachten jede Periode der Nutzungsdauer
- berücksichtigen Zinseszinsen durch Abzinsung

Kapitalwert-methode | Interne Zinsfußmethode | Annuitäten-methode

Statische Investitionsrechnungen (ohne Restwert)

Kosten-vergleichsrechnug

1 fixe Kosten
   - kalk. Abschreibungen: WK : n
   - kalk. Zinsen: (AK : 2) · i
   - sonstige fixe Kosten

2 variable Kosten

Gewinn-vergleichsrechnung

$$G = E - K$$

Rentabilitäts-vergleichsrechnung

$$R = \frac{(G + \text{kalk. Zinsen}) \cdot 100}{AK : 2}$$

Amortisations-vergleichsrechnung

$$A = \frac{AK}{G + \text{kalk. Abschr.}}$$

Statische Investitionsrechnungen (mit Restwert)

Kosten-vergleichsrechnung

1 fixe Kosten
   - kalk. Abschreibungen: (WK – RW) : n
   - kalk. Zinsen: (AK + RW) : 2) · i
   - sonstige fixe Kosten

2 variable Kosten

Gewinn-vergleichsrechnung

$$G = E - K$$

Rentabilitäts-vergleichsrechnung

$$R = \frac{(G + \text{kalk. Zinsen}) \cdot 100}{(AK + RW) : 2}$$

Amortisations-vergleichsrechnung

$$A = \frac{AK - RW}{G + \text{kalk. Abschr.}}$$

Dynamische Investitionsrechnungen

Kapitalwertmethode

Ist der Kapitalwert größer null, wird die erwartete Mindestverzinsung (kalkulatorischer Zinssatz) erreicht.

$$C_0 = -A_0 + \sum_{t=1}^{n} \frac{(E_t - A_t)}{(1 + i)^t}$$

Interne Zinsfußmethode

Erwartete Verzinsung der Investition (Kapitalwert = 0) (Lösung mit linearer Interpolation)

$$r = p_1 - C_{01} \cdot \frac{p_2 - p_1}{C_{02} - C_{01}}$$

Annuitätenmethode

Periodischer Erfolg einer Investition (Umrechnung aller Zahlungsüberschüsse in jährlich gleichbleibende Durchschnittsbeträge)

$$a = C_0 \cdot \frac{i\ (1 + i)^n}{(1 + i)^n - 1}$$

III Vertiefungsaufgaben

1. *Der Fischgroßhändler Grasselmann & Söhne OHG aus Hamburg benötigt ein neues Kühlfahrzeug für seinen Fuhrpark. Zwei Lkw-Modelle stehen zur Auswahl:*

Angebote für Grasselmann & Söhne OHG		
	Lkw I	**Lkw II**
Anschaffungskosten (EUR)	380.000,00	420.000,00
Wiederbeschaffungskosten (EUR)	418.000,00	462.000,00
Jährliche Kilometerleistung	100.000	100.000
Nutzungsdauer (Jahre)	5	5
Kalkulatorischer Zinssatz	8 %	8 %
Sonstige Fixkosten pro Jahr (EUR)	80.000,00	78.000,00
Variable Kosten pro Kilometer (EUR)	1,65	1,50

a) Führen Sie eine Kostenvergleichsrechnung unter der Annahme durch, dass nach Ablauf der Nutzungsdauer kein Restwert (Liquidationserlös) zu erwarten ist, und erläutern Sie Ihr Ergebnis.
b) Ermitteln Sie die kostenkritische Produktionsmenge und erläutern Sie Ihr Ergebnis.
c) Führen Sie eine Kostenvergleichsrechnung unter der Annahme durch, dass Grasselmann die Fahrzeuge nach Ablauf der Nutzungsdauer zu einem Restwert in Höhe von 20 % der Anschaffungskosten veräußern könnte, und erläutern Sie Ihr Ergebnis.
d) Ermitteln Sie die kostenkritische Produktionsmenge unter Berücksichtigung des Restwertes und erläutern Sie Ihr Ergebnis.

2. *Der Gerätehersteller Schröder & Braun KG aus Hannover plant den Kauf einer Maschine zur Herstellung von Elektromotoren. Zwei Varianten sind in der engeren Auswahl, die Jahresleistung beider Maschinen ist nach Angaben der Marktforschung vollständig absetzbar:*

Angebote für die Schröder & Braun KG		
	Maschine A	**Maschine B**
Anschaffungskosten (EUR)	790.000,00	840.000,00
Wiederbeschaffungskosten (EUR)	948.000,00	1.008.000,00
Jahresleistung (Stück)	6.000	6.400
Nutzungsdauer (Jahre)	8	8
Kalkulatorischer Zinssatz	9 %	9 %
Sonstige Fixkosten pro Jahr (EUR)	70.000,00	75.000,00
Variable Kosten pro Stück (EUR)	50,00	46,00
Verkaufspreis pro Stück (EUR)	90,00	90,00

a) Vergleichen Sie die Kosten, den Gewinn, die Rentabilität und die Amortisation und erläutern Sie anschließend Ihr Ergebnis. Gehen Sie davon aus, dass nach Ablauf der Nutzungsdauer kein Restwert (Liquidationserlös) zu erwarten ist.
b) Ermitteln Sie die kostenkritische Produktionsmenge und erläutern Sie Ihr Ergebnis.
c) Schröder & Braun kann nach Ablauf der Nutzungsdauer beide Modelle an einen süddeutschen Exporteur verkaufen, der bereit ist, jeweils 15 % der Anschaffungskosten zu bezahlen. Vergleichen Sie für diesen Fall die Kosten, den Gewinn, die Rentabilität und die Amortisation und erläutern Sie anschließend Ihr Ergebnis.
d) Ermitteln Sie die kostenkritische Menge unter Berücksichtigung des Restwertes und erläutern Sie Ihr Ergebnis.

3. *Die Kerner AG produziert Maschinenteile für den Schiffbau. Das Unternehmen erwägt die Anschaffung einer neuen Schweißanlage. Zur Wahl stehen zwei Anlagetypen, zu denen Ihnen folgende Informationen vorliegen:*

Kosten und Nutzungsdauer	Anlage 1	Anlage 2
Anschaffungskosten (EUR)	650.000,00	800.000,00
Wiederbeschaffungskosten (EUR)	720.000,00	870.000,00
Nutzungsdauer (Jahre)	6	6
Gewinnerwartung (Prognose)		
Gewinn Jahr 1 (EUR)	40.000,00	40.000,00
Gewinn Jahr 2 (EUR)	40.000,00	45.000,00
Gewinn Jahr 3 (EUR)	50.000,00	50.000,00
Gewinn Jahr 4 (EUR)	50.000,00	55.000,00
Gewinn Jahr 5 (EUR)	60.000,00	60.000,00
Gewinn Jahr 6 (EUR)	60.000,00	65.000,00

a) Ermitteln Sie die Amortisationsdauer mithilfe der Durchschnittsrechnung.
b) Ermitteln Sie die Amortisationsdauer mithilfe der Kumulationsrechnung.

4. *Die Söder Kunststoff GmbH plant den Kauf einer Anlage zur Herstellung von Designerbeschlägen für Küchenmöbel. Dem Unternehmen liegen zwei Angebote vor, deren angegebene Jahreskapazität vollständig absetzbar ist:*

Angebote für die Söder GmbH		
	Anlage 1	Anlage 2
Anschaffungskosten (EUR)	1.500.000,00	1.600.000,00
Wiederbeschaffungskosten (EUR)	1.650.000,00	1.760.000,00
Verkaufspreis pro Stück (EUR)	7,30	7,90
Jahreskapazität (Stück)	170.000	170,000
Nutzungsdauer (Jahre)	10	10
Kalkulatorischer Zinssatz	8 %	8 %
Sonstige Fixkosten pro Jahr (EUR)	260.000,00	280.000,00
Variable Kosten pro Stück (EUR)	4,20	4,50

a) Führen Sie die vier statischen Investitionsrechnungen durch und erläutern Sie Ihre Ergebnisse. Gehen Sie davon aus, dass am Ende der Nutzungsdauer kein Liquidationserlös erzielt werden kann.
b) Führen Sie die vier statischen Investitionsrechnungen unter der Annahme durch, dass die Anlagen am Ende der Nutzungsdauer einen Restwert von 10 % des Anschaffungswertes erbringen, und erläutern Sie Ihre Ergebnisse.

5. *Diskutieren Sie kritisch die Vor- und Nachteile der statischen Investitionsrechnung und ziehen Sie ein begründetes Fazit.*

6. *Die Ludwig Werke in Mannheim fertigen hydraulische Anlagen für die Industrie. Für eine geplante Erweiterungsinvestition stehen zwei Anlagen zur Wahl: Maschine A (Anschaffungskosten: 940.000 EUR) und Maschine B (Anschaffungskosten: 1.150.000 EUR). Für beide Anlagen ist eine Nutzungsdauer in Höhe von 5 Jahren veranschlagt. Das Unternehmen legt einen kalkulatorischen Zinsfuß in Höhe von 10 % zugrunde. Über die gesamte Nutzungsdauer werden folgende Ein- und Auszahlungen erwartet:*

	Ein- und Auszahlungen				
	Jahr 1	Jahr 2	Jahr 3	Jahr 4	Jahr 5
Einzahlungen (EUR)	300.000,00	360.000,00	432.000,00	518.400,00	622.080,00
Auszahlungen Maschine A (EUR)	120.000,00	144.000,00	172.800,00	207.360,00	248.832,00
Auszahlungen Maschine B (EUR)	90.000,00	108.000,00	129.600,00	155.520,00	186.624,00

a) Am Ende der Nutzungsdauer ist für beide Anlagen kein Restwert zu erwarten.
aa) Ermitteln Sie den Kapitalwert und erläutern Sie das Ergebnis.
ab) Ermitteln Sie den internen Zinsfuß beider Anlagen und erläutern Sie das Ergebnis (Versuchszinssätze: Anlage A: p_1 = 11 %, p_2 = 12 %; Anlage B: p_1 = 9,5 %, p_2 = 10,5 %).
b) Am Ende der Nutzungsdauer sind für Anlage A ein Restwert in Höhe von 100.000,00 EUR und für Anlage B ein Restwert in Höhe von 120.000,00 EUR zu erwarten.
ba) Ermitteln Sie den Kapitalwert und erläutern Sie das Ergebnis.
bb) Ermitteln Sie den internen Zinsfuß beider Anlagen und ermitteln Sie das Ergebnis (Versuchszinssätze: Anlage A: p_1 = 13 %, p_2 = 14 %; Anlage B: p_1 = 11,5 %, p_2 = 12,5 %).

7. *Die Kohlwey GmbH aus Wuppertal beliefert die Automobilindustrie mit Stoßdämpfern. Eine neue Generation von Nutzfahrzeugen benötigt Stoßdämpfer, für deren Fertigung die Anschaffung eines computergesteuerten Automaten erforderlich ist. Zwei Anlagen italienischer Hersteller stehen zur Auswahl: Modell Adesso T 100 (Anschaffungskosten: 680.000 EUR) und Modell Bravo 2000 (Anschaffungskosten: 600.000 EUR). Für beide Anlagen ist eine Nutzungsdauer in Höhe von 5 Jahren veranschlagt. Das Unternehmen legt einen kalkulatorischen Zinsfuß in Höhe von 9,0 % zu Grunde. Über die gesamte Nutzungsdauer werden folgende Ein- und Auszahlungen erwartet:*

	Ein- und Auszahlungen				
	Jahr 1	Jahr 2	Jahr 3	Jahr 4	Jahr 5
Einzahlungen (EUR)	200.000,00	240.000,00	288.000,00	345.600,00	414.720,00
Auszahlungen Modell „Adesso T 100“ (EUR)	80.000,00	96.000,00	115.200,00	138.240,00	165.888,00
Auszahlungen Modell „Bravo 2000“ (EUR)	90.000,00	108.000,00	129.600,00	155.520,00	186.624,00

a) Am Ende der Nutzungsdauer ist für beide Anlagen kein Restwert zu erwarten.
aa) Ermitteln Sie den Kapitalwert und erläutern Sie das Ergebnis.
ab) Ermitteln Sie den internen Zinsfuß beider Anlagen und erläutern Sie das Ergebnis. (Versuchszinssätze: Adesso T 100: p_1 = 8,5 %, p_2 = 9 %; Bravo 2000: p_1 = 9,5 %, p_2 = 10,5 %)
b) Am Ende der Nutzungsdauer ist für die Adesso T 100 ein Restwert in Höhe von 34.000 EUR und für die Bravo 2000 ein Restwert in Höhe von 30.000 EUR zu erwarten.
aa) Ermitteln Sie den Kapitalwert und erläutern Sie das Ergebnis.
bb) Ermitteln Sie den internen Zinsfuß beider Anlagen und ermitteln Sie das Ergebnis. (Versuchszinssätze: Adesso T 100: p_1 = 9,5 %, p_2 = 10 %; Bravo 2000: p_1 = 10,5 %, p_2 = 11,5 %)

C Finanzplanung Teil I

I Praxisfall „Athos AG“

1 Ermitteln des Kapitalbedarfs für die Investition

Nach den Investitionsrechnungen soll nun der gesamte Kapitalbedarf ermittelt werden, der mit der Investition (aus Kapitel B) verbunden ist. Dabei ist zu bedenken, dass neben den reinen Anschaffungskosten für die Maschine zusätzliche Kosten für technische und organisatorische Vorbereitungen in Höhe von 50.000,00 EUR anfallen. Außerdem soll ein eiserner Lagerbestand an Fertigungsmaterial für 50 Produktionstage angelegt werden, der im gewöhnlichen Geschäftsbetrieb nicht angerührt werden darf. Geplant ist eine Tagesproduktion in Höhe von 10 Stück. Darüber hinaus müssen noch die laufenden Kosten vorfinanziert werden: Pro Stück betragen die Kosten für Fertigungsmaterial 97,50 EUR und die Fertigungslöhne 40,00 EUR. Die täglich auszahlungswirksamen Gemeinkosten (z. B. Gehälter für Verwaltung und Vertrieb) betragen 550,00 EUR. Schließlich gilt: Lieferanten- und Kundenzahlungsziel: 30 Tage, Lagerdauer für Fertigungsmaterial: 40 Tage, Produktionsdauer: 3 Tage, Lagerdauer für Fertigprodukte: 17 Tage.

Arbeitsauftrag

Ermitteln Sie mithilfe des nachfolgenden Infotextes den gesamten Kapitalbedarf für die Investition und erläutern Sie Ihr Ergebnis.

Kapitalbedarfsrechnung					
				EUR	EUR
1 Anlagekapitalbedarf					
Anschaffungskosten					
Vorbereitungskosten					
Eiserner Bestand					
Summe Anlagekapitalbedarf					
2 Umlaufkapitalbedarf					
	Auszahlungs-wirksame Kosten pro Tag (EUR)		**Kapital-bindungs-dauer (Tage)**		
Fertigungsmaterial		·			
Fertigungslöhne		·			
Auszahlungsw. GK		·			
Summe Umlaufkapitalbedarf					
Gesamtkapitalbedarf					

Kapitalbindungsdauer				
	Lagerdauer Fertigungsmaterial (Tage)	Produktions-dauer (Tage)	Lagerdauer Fertig-produkte (Tage)	Kundenzahlungs-ziel (Tage)
Fertigungsmaterial				
Fertigungslöhne				
Auszahlungsw. GK				

Infotext: Kapitalbedarfsrechnung

Wesen und Einordnung

Unternehmensgründungen und Erweiterungsinvestitionen sind gewöhnlich mit erheblichem Kapitalbedarf verbunden. Dieser Kapitalbedarf muss berechnet werden, um die Finanzierung planen zu können. Die Kapitalbedarfsrechnung ist ein einfaches Annäherungsverfahren und gilt als Vorstufe der eigentlichen Finanzplanung. Dabei setzt sich der gesamte Kapitalbedarf für ein Investitionsvorhaben zusammen aus dem langfristigen „Anlagekapitalbedarf" und dem kurz- bis mittelfristigen „Umlaufkapitalbedarf". Diese Begriffe sind an die Bilanzbegriffe „Anlagevermögen" und „Umlaufvermögen" angelehnt, hier jedoch abweichend definiert.

Anlagekapitalbedarf

- **Anschaffungskosten:** Anschaffungskosten von Gebäuden, Maschinen und anderen Anlagen
- **Vorbereitungskosten:** Abhängig von der Art der Investition handelt es sich um einmalige Kosten, wie Maklergebühren, Gerichts- und Notarkosten, Planungskosten, Marktforschungskosten, Personalbeschaffungskosten, EDV-Umstellungskosten, Einführungswerbekosten usw.
- **Eiserner Bestand (Mindestbestand):** Der eiserne Bestand an Fertigungsmaterial ist eine Notreserve für den Fall von Lieferengpässen. Er wird dem Anlagekapitalbedarf zugerechnet, da er im gewöhnlichen Geschäftsbetrieb nicht angetastet werden soll.

Umlaufkapitalbedarf

- **Kosten für Fertigungsmaterial** = Tägliche Kosten für Fertigungsmaterial x Kapitalbindungsdauer

- **Fertigungslöhne** = Täglich anfallende Fertigungslöhne x Kapitalbindungsdauer

- **Auszahlungswirksame Gemeinkosten** = Täglich auszahlungswirksame Gemeinkosten x Kapitalbindungsdauer

Die **Kapitalbindungsdauer** beschreibt den Zeitraum, in dem das betriebliche Kapital nicht verfügbar ist, also die Zeit zwischen Auszahlungen und Einzahlungen. Bei der Kapitalbedarfsrechnung wird grundsätzlich unterstellt, dass die Produktion unmittelbar nach Ablauf der Materiallagerdauer beginnt. Die angegebenen Zeiträume sind Durchschnittswerte:

Kapitalbindungsdauer				
	Lagerdauer Fertigungsmaterial 35 Tage	Produktionsdauer 10 Tage	Lagerdauer Fertigprodukte 20 Tage	Kundenzahlungsziel 30 Tage
Fertigungsmaterial	Liefererziel: 30 Tage	Kapitalbindungsdauer: 65 Tage		
Fertigungslöhne		Kapitalbindungsdauer: 60 Tage		
Auszahlungswirksame Gemeinkosten	Kapitalbindungsdauer: 95 Tage			

Beispiel: Von der Materiallieferung bis zur Kundenzahlung vergehen insgesamt 95 Tage. Das Fertigungsmaterial ist erst nach 30 Tagen (Ziel) zu bezahlen, entsprechend verringert sich die Kapitalbindungsdauer für die Kosten des Fertigungsmaterials. Die Bindung des Kapitals für Fertigungslöhne beginnt mit Aufnahme der Produktion und die auszahlungswirksamen Gemeinkosten (z. B. für Verwaltung und Vertrieb) fallen durchlaufend an.

Gesamtkapitalbedarf

Der gesamte Kapitalbedarf ist die Summe aus Anlage- und Umlaufkapitalbedarf:

Gesamtkapitalbedarf = Anlagekapitalbedarf + Umlaufkapitalbedarf

2 Aufzeigen möglicher Finanzierungsarten

In den nächsten Wochen muss entschieden werden, wie das bevorstehende Investitionsvorhaben zu finanzieren ist. Aus diesem Grund hat der Vorstand den Leiter der Abteilung Finanzen, Herrn Fischer, gebeten, den kaufmännischen und technischen Abteilungsleitern mögliche Finanzierungsarten zu präsentieren. Herr Fischer hält nachfolgende Finanzierungsarten für denkbar:

- Selbstfinanzierung
- Beteiligungsfinanzierung
- Finanzierung aus Abschreibungen
- Kreditfinanzierung
- Finanzierung aus Rückstellungen
- Leasing
- Factoring

Arbeitsauftrag

Da Herr Fischer dienstlich verhindert ist, bittet er Sie, die oben aufgelisteten Finanzierungsarten sachgerecht in folgende Matrix zu übertragen und diese als Folie zu präsentieren. Er möchte, dass Sie eine leicht verständliche Präsentation in einfachen Worten halten, da die technischen Abteilungsleiter nur über geringe kaufmännische Vorkenntnisse verfügen. Nehmen Sie dazu das Glossar zu Hilfe.

Übersicht: Finanzierungsarten		
	Innenfinanzierung	**Außenfinanzierung**
Eigenfinanzierung		
Fremdfinanzierung		

Kapitalbedarfsrechnung (bei Unternehmensgründungen, Erweiterungsinvestitionen)

Anlagekapitalbedarf

- Anschaffungskosten
- Vorbereitungskosten
- Eiserner Bestand (Mindestbestand)

Umlaufkapitalbedarf

Tägliche Kosten für Fertigungsmaterial	x Kapitalbindungsdauer
Täglich anfallende Fertigungslöhne	x Kapitalbindungsdauer
Täglich auszahlungswirksame Gemeinkosten	x Kapitalbindungsdauer

Finanzierungsart	Beschreibung der Finanzierungsarten
Selbstfinanzierung	Das Unternehmen entnimmt Anteile aus dem realisierten Gewinn.
Beteiligungsfinanzierung	Bisherige und/oder neue Gesellschafter kaufen Anteile des Unternehmens.
Abschreibungsfinanzierung	Das Unternehmen greift auf Umsatzanteile (Abschreibungsrückflüsse) zurück, die für Ersatzinvestitionen angespart werden müssen und bis dahin verfügbar sind.
Rückstellungsfinanzierung	Das Unternehmen greift auf Umsatzanteile zurück, die rechtlich verpflichtende Verbindlichkeiten in der Zukunft darstellen (z. B. für Mitarbeiterpensionen) und bis dahin verfügbar sind.
Kreditfinanzierung	Ein Kreditgeber überlässt dem Unternehmen Finanzmittel für einen vereinbarten Zeitraum.
Leasing	Das Unternehmen mietet bzw. pachtet das Investitionsobjekt.
Factoring	Das Unternehmen verkauft Forderungen an ein Factoringunternehmen.

Einteilungskriterien für Finanzierungsarten

nach Eigentumsverhältnissen
(Wem gehört das Kapital?)

- **Eigenfinanzierung**
  Das Kapital gehört den Eigentümern des Unternehmens.
- **Fremdfinanzierung**
  Das Kapital gehört Dritten.

nach Kapitalherkunft
(Wer hat das Kapital erwirtschaftet?)

- **Innenfinanzierung**
  Das Unternehmen hat das Kapital selbst erwirtschaftet.
- **Außenfinanzierung**
  Das Kapital wird von Eigentümern oder Kreditgebern eingebracht.

III Vertiefungsaufgaben

1. *Ordnen Sie durch Ankreuzen zu.*

Gemeinkostenart	auszahlungswirksam	nicht auszahlungswirksam
Gehälter für Vertriebsmitarbeiter		
Instandhaltungskosten		
Kalkulatorische Abschreibungen		
Hallenmiete		
Versicherungskosten		
Kalkulatorische Zinsen		
Kosten einer Werbekampagne		

2. *Die Rother AG aus Dresden produziert Stoßdämpfer für Nutzfahrzeuge. Für einen neuen Lkw-Typus hat das Unternehmen die Chance auf einen Großauftrag, der jedoch für zwei ihrer Werke mit einer Großinvestition verbunden ist. Dazu liegen folgende Daten vor:*

Informationen des Controllings (Rother AG)	Werk I	Werk II
Anschaffungskosten für Gebäude und Maschinen (EUR)	620.000,00	850.000,00
Kosten für Marketingmaßnahmen und Betriebsorganisation (EUR)	90.000,00	45.000,00
Eiserner Bestand (Tage)	20	40
Tagesproduktion (Stück/Tag)	25	4
Kosten für Fertigungsmaterial (EUR/Stück)	68,00	75,00
Fertigungslöhne (EUR/Stück)	80,00	140,00
Auszahlungwirksame Gemeinkosten (EUR/Tag)	420,00	590,00
Lagerdauer Rohstoffe (Tage)	25	35
Lieferantenziel (Tage)	30	30
Produktionsdauer (Tage)	5	2
Fertiglagerdauer (Tage)	12	15
Kundenzahlungsziel (Tage)	30	60

Ermitteln Sie für beide Werke den Gesamtkapitalbedarf für die geplante Investition.

3. *Die Metall KG produziert elektronische Steuerungen und plant den Bau einer Produktionshalle (Anschaffungskosten: 1,25 Mio. EUR). Für Bauplanung und Marketingmaßnahmen fallen Kosten in Höhe von 140.000,00 EUR an. Der eiserne Bestand des Fertigungsmaterials soll 40 Tage ausreichen. Die Tagesproduktion beträgt 20 Stück. Je Stück fallen folgende Einzelkosten an: Fertigungsmaterial: 75,00 EUR, Fertigungslöhne: 45,00 EUR. Bis zur Fertigung lagert das Fertigungsmaterial durchschnittlich 12 Tage im Lager, die Fertigung dauert 5 Tage. Anschließend liegen die Fertigprodukte durchschnittlich 20 Tage im Lager. Die Metall KG gewährt, ebenso wie ihre eigenen Lieferanten, 30 Tage Zahlungsziel. Die täglich auszahlungswirksamen Gemeinkosten belaufen sich auf 380,00 EUR.*

4. *Prüfen Sie, ob folgende Maßnahmen den Kapitalbedarf erhöhen oder senken:*

a) Verlängerung der Rohstofflagerdauer: ____________________
b) Verlängerung des Kundenzahlungsziels: ____________________
c) Verlängerung des Lieferantenzahlungsziels: ____________________
d) Verringerung der Kosten der Produktionsfaktoren: ____________________
e) Erhöhen der Lagerumschlagshäufigkeit: ____________________

5. *Die Meditech GmbH ist ein Hersteller medizinischer Geräte aus Karlsruhe. Das Unternehmen plant die Errichtung einer neuen Produktionsstätte zur Herstellung von Ultraschallgeräten in Dresden. Das Controlling des Unternehmens hat nachfolgende Daten zusammengetragen. Die Zeitangaben sind erwartete Durchschnittswerte:*

- *Anschaffungskosten für das Produktionsgebäude: 4,5 Mio. EUR*
- *Anschaffungskosten für eine Fertigungsstraße: 3,5 Mio. EUR*
- *Organisatorische Vorbereitungskosten (Bauplanung, Notar, Gebühren usw.): 150.000,00 EUR*
- *Mindestbestand an Fertigungsmaterial: 20 Produktionstage*
- *Tagesproduktion: 5 Stück*
- *Fertigungsmaterial pro Stück: 650,00 EUR*
- *Fertigungslöhne pro Stück: 240,00 EUR*
- *Materialgemeinkosten in Prozent der Materialeinzelkosten: 10 %, davon ausgabewirksam: 50 %*
- *Fertigungsgemeinkosten in Prozent der Fertigungslöhne: 70 %, davon ausgabewirksam: 60 %*
- *Verwaltungs- und Vertriebsgemeinkosten in Prozent der Herstellungskosten: 20 %, davon ausgabewirksam: 75 %*
- *Lagerdauer des Fertigungsmaterials: 25 Tage*
- *Lieferantenziel: 30 Tage*
- *Produktionsdauer: 5 Tage*
- *Fertigproduktlagerdauer: 12 Tage*
- *Kundenzahlungsziel: 60 Tage*

Berechnen Sie den gesamten Kapitalbedarf für die Investition.

6. *Diskutieren Sie kritisch die Kapitalbedarfsrechnung.*

7. *Ordnen Sie durch Ankreuzen zu:*

Finanzierungsfall	Eigen-finanzierung	Fremd-finanzierung	Innen-finanzierung	Außen-finanzierung
1 Die LUX AG bildet Gewinnrücklagen für eine Investition.				
2 Die Rückert GmbH nimmt ein Bankdarlehen auf.				
3 Bauunternehmer Wulff stellt seinen Kunden 150,00 EUR für Verschleiß je Baggerstunde in Rechnung.				
4 Die DREYSEN AG gibt neue Aktien aus.				
5 Die Beyer GmbH bildet Gewinnrücklagen.				
6 Die Spedition Altmann KG least ein neues Nutzfahrzeug.				
7 Gesellschafter Boll leistet eine Einlage bei der Braun OHG.				
8 Die Hall AG bildet Pensionsrückstellungen für ihre Mitarbeiter.				
9 Die TEX AG verkauft Forderungen an eine Factoringgesellschaft.				

D Innenfinanzierung

I Praxisfall „Athos AG"

Zunächst soll ermittelt werden, welche Finanzmittel die Athos AG im laufenden Geschäftsjahr aus eigener Kraft erwirtschaften kann und welche Anteile davon für die Finanzierung der neuen Maschine im Folgejahr verfügbar sind. Diese „Innenfinanzierung" setzt sich zusammen aus verfügbaren Abschreibungsrückflüssen, Rückstellungen und Gewinnanteilen.

1 Ermitteln verfügbarer Abschreibungsrückflüsse

Die Wiederbeschaffungskosten der technischen Anlagen der Athos AG liegen durchschnittlich 20 % über den Anschaffungskosten. Im Durchschnitt leisten die Anlagen 1.920 Betriebsstunden pro Jahr. Für das laufende Geschäftsjahr liegt Ihnen folgende Abschreibungstabelle der Athos AG vor:[1]

Abschreibungen: Technische Anlagen (Geschäftsjahr)								
		Bilanzielle Abschreibungen			Kalkulatorische Abschreibungen			
Nr.	Anlage	Anschaffungskosten (EUR)	Nutzungsdauer laut AfATabelle (Jahre)	Jährlicher Abschreibungsbetrag (EUR)	Wiederbeschaffungskosten (EUR)	Nutzungsdauer (Jahre)	Jährlicher Abschreibungsbetrag (EUR)	Abschreibungsbetrag je Betriebsstunde (EUR)
1	Anlage A	2.376.000,00	10	237.600,00		8		
2	Anlage B	2.268.000,00	10	226.800,00		10		
3	Anlage C	1.728.000,00	8	216.000,00		6		
4	Anlage D	1.296.000,00	8	162.000,00		8		
5	Anlage E	1.036.800,00	8	129.600,00		6		
6	Anlage F	1.296.000,00	12	108.000,00		12		
			Summe	**1.080.000,00**		**Summe**		

Arbeitsaufträge

1. *Ermitteln Sie mithilfe des Infotextes die erwarteten Abschreibungsrückflüsse der Athos AG und erläutern Sie Ihr Ergebnis. Beziehen Sie dabei beispielhaft den Kundenauftrag der Brandt KG ein, der die Anlage B 15 Stunden und die Anlage D 10 Stunden beanspruchen wird.*

2. *Der Controller der Athos AG teilt Ihnen mit, dass 5 % der Abschreibungsrückflüsse des Geschäftsjahres für die Finanzierung der neuen Anlage eingeplant werden können.*

a) *Welche Gründe könnten den Controller veranlassen, nur einen Anteil der erwarteten Abschreibungsrückflüsse für die Finanzierung der neuen Anlage zu genehmigen?*

b) *Welchen Betrag werden die erwarteten Abschreibungsrückflüsse der Athos AG zur Finanzierung der neuen Maschine beisteuern?* EUR

[1] Weitere Abschreibungen sollen aus Gründen der Vereinfachung unberücksichtigt bleiben

Infotext: Finanzierung aus Abschreibungen

Wesen

Abschreibungen erfassen die Wertminderung des betrieblichen Anlagevermögens, welche vor allem durch Gebrauch, Verschleiß, Verwitterung oder technischen Fortschritt entsteht. Diese Wertminderung wird vom betrieblichen Rechnungswesen am Ende jedes Geschäftsjahres als Aufwand bzw. Kosten erfasst. Entsprechend ist zwischen „bilanziellen" und „kalkulatorischen" Abschreibungen zu unterscheiden:

Arten

	Bilanzielle Abschreibungen	Kalkulatorische Abschreibungen
Zuständige Abteilung	Finanzbuchhaltung (Fibu) (externes Rechnungswesen)	Kosten- und Leistungsrechnung (KLR) (internes Rechnungswesen)
Ziel	Abschreibungen sollen als „Aufwand" den Gewinn in der GuV schmälern und damit die Besteuerung sowie die Ausschüttung des Gewinns an die Eigentümer verringern.	Abschreibungen sollen als Kosten in die Verkaufspreise einkalkuliert werden, sodass der Wertverlust im Laufe der Nutzungsdauer über die Umsatzerlöse wieder in das Unternehmen zurückfließt („Anspar-Abschreibungen").
Bewertung des Anlagegutes	Anschaffungs- bzw. Herstellungskosten	aktuelle Wiederbeschaffungskosten
Nutzungsdauer des Anlagegutes	gemäß amtlicher AfA-Tabelle[1] des Bundesministeriums für Finanzen	gemäß Einschätzung des Betriebs (i. d. R. kürzer als in der AfA-Tabelle)
Berechnungsverfahren	• linear: gleichbleibende Beträge über alle Perioden der Nutzungsdauer • degressiv: jährlich fallende Beträge[2]	• linear: gleichbleibende Beträge über alle Perioden der Nutzungsdauer • nach Leistungseinheiten (z. B. Kilometer beim Lkw)
Beispiel	*Ein Bauunternehmer erwirbt einen Bagger für 500.000,00 EUR, Nutzungsdauer laut AfA-Tabelle: 10 Jahre. Die Fibu bucht jährlich „Abschreibung auf Sachanlagen an Technische Anlagen und Maschinen 50.000,00 EUR". Bei einem Steuersatz von 30 % spart das Unternehmen durch die Aufwandsbuchung 15.000,00 EUR jährlich Steuern.*	*Ein Bauunternehmer erwirbt einen Bagger für 500.000,00 EUR, geschätzte Nutzungsdauer: 8 Jahre, Wiederbeschaffungskosten: 600.000,00 EUR.* *Bei einer linearen Abschreibung sind also jährlich 75.000,00 EUR in die Verkaufspreise einzukalkulieren. Bei jährlich 2.000 Betriebsstunden werden dem Kunden je Baggerstunde 37,50 EUR in Rechnung gestellt. Nach 8 Jahren sind die Wiederbeschaffungskosten in das Unternehmen zurückgeflossen.*

Abschreibungsfinanzierung

Da die Abschreibungen über die Umsatzerlöse in das Unternehmen zurückfließen und so das gebundene Kapital wieder freisetzen, spricht man auch vom **„Kapitalfreisetzungseffekt"**. Die Abschreibungen werden als Aufwendungen nicht besteuert und stehen dem Betrieb so lange für Finanzierungszwecke zur Verfügung, bis sie wieder für die Ersatzbeschaffung des abgeschriebenen Objekts benötigt werden.[3] Vereinfacht lässt sich also sagen: Die KLR holt das Geld rein, die Fibu hält es fest.

Merke: Keine Umsätze, keine Abschreibungsfinanzierung!

Wenn die Abschreibungsrückflüsse den Ausbau der Produktionskapazitäten vollständig finanzieren, spricht man vom **„Kapazitätserweiterungseffekt"**.

---

[1] AfA steht für „Absetzung für Abnutzung".

[2] Derzeit sind degressive Abschreibungen nicht steuerlich abzugsfähig

[3] Übersteigen die kalkulatorischen Abschreibungen die bilanziellen Abschreibungen, so wird diese Differenz als Gewinn besteuert. Dieser Effekt soll hier aus Gründen der Vereinfachung unberücksichtigt bleiben.

2 Ermitteln verfügbarer Rückstellungsbeträge

Nun soll geprüft werden, in welcher Höhe die Athos AG im laufenden Geschäftsjahr Rückstellungen gemäß § 249 HGB bilden muss, welche ebenfalls für die Finanzierung der Anlage herangezogen werden können. Rückstellungsbeträge aus der Vergangenheit stehen nicht mehr zur Verfügung.

Arbeitsaufträge

1. *Überprüfen Sie mithilfe des nachfolgenden Infotextes, in welchen der nachfolgenden Fälle Rückstellungen gemäß § 249 HGB zu bilden sind, und kreuzen Sie entsprechend an:*

	Sachverhalt	Rückstellung gemäß § 249 HGB	
		Ja	*Nein*
1	Zurücklegen von Arbeitgeberanteilen für vermögenswirksame Leistungen für alle Mitarbeiter/-innen: 79.152,00 EUR		
2	Zurücklegen einer Sicherheitsreserve für einen etwa zweijährigen Gerichtsprozess, der im Geschäftsjahr begann: 75.000,00 EUR		
3	Erhöhen der Gewinnrücklage für zukünftige Investitionszwecke: 162.576,00 EUR		
4	Zurücklegen eines Betrages für erwartete Steuernachzahlungen im Folgejahr: 93.400,00 EUR		
5	Zurücklegen von Arbeitgeberbeiträgen zur Sozialversicherung der Mitarbeiter/-innen: 1.583.040,00 EUR		
6	Zurücklegen einer vertraglich vereinbarten Betriebsrente für Mitarbeiter/-innen im Alter von 25 bis 48 Jahren: 197.880,00 EUR		
7	Zurücklegen eines Betrages für eine überfällige Sanierung des Verwaltungsgebäudes, die im Herbst des Folgejahres durchgeführt werden soll: 84.000,00 EUR		

2. *Der Controller der Athos AG teilt Ihnen mit, dass 20 % der langfristigen Rückstellungen für die Finanzierung der neuen Anlage eingeplant werden können.*

a) *Warum sollen kurzfristige Rückstellungen in diesem Zusammenhang unberücksichtigt bleiben?*

____

____

____

____

b) *Welche Gründe könnten den Controller veranlassen, nur einen Anteil der Rückstellungen für die Finanzierung der neuen Anlage zu genehmigen?*

____

____

____

c) *Welchen Betrag werden die zu bildenden Rückstellungen der Athos AG zur Finanzierung der neuen Maschine beisteuern?* __________ EUR

Infotext: Finanzierung aus Rückstellungen

Wesen

§ 249 HGB verlangt, dass das Unternehmen Rückstellungen bilden muss für Verbindlichkeiten (Schulden), die dem Grunde nach bekannt sind, deren Höhe und/oder Zahlungstermin jedoch noch ungewiss ist (z. B. Rückstellungen für Steuernachzahlungen). Rückstellungen sind damit Fremdkapital und werden auf der Passivseite der Bilanz ausgewiesen. Sie dürfen nicht mit „Rücklagen“ verwechselt werden, bei denen es sich um Eigenkapital handelt.

Gründe nach § 249 HGB

§ 249 Abs. 1 HGB regelt, in welchen Fällen Rückstellungen zu bilden sind („Passivierungspflicht“):

- **ungewisse Verbindlichkeiten** (z. B. Steuernachzahlungen; Pensionsverpflichtungen, wenn mit den Mitarbeitern eine Betriebsrente vereinbart wurde; erwartete Prozesskosten)
- **drohende Verluste aus schwebenden Geschäften** (z. B. internationale Geschäfte mit Währungsrisiken, deren Vertragsleistungen noch nicht erfüllt sind; Bürgschaftsverluste)
- **im Geschäftsjahr unterlassene Aufwendungen für Instandhaltung, die im folgenden Geschäftsjahr innerhalb von drei Monaten nachgeholt werden, oder für Abraumbeseitigung[1], die im folgenden Geschäftsjahr nachgeholt wird** (z. B. Sanierung einer Fabrikhalle)
- **Gewährleistungen, die ohne rechtliche Verpflichtung erbracht werden** (z. B. fünfjährige Herstellergarantie auf Neuwagen)

Nach § 249 Abs. 2 HGB dürfen Rückstellungen für andere Zwecke nicht gebildet werden und sie dürfen auch nur dann aufgelöst werden, wenn der Grund hierfür entfallen ist.

Buchen von Rückstellungen

Der allgemeine Buchungssatz lautet:

„Aufwandskonto an Rückstellungskonto“.

Der Betrag, der kaufmännisch vernünftig und vorsichtig zu schätzen ist, wird zum Stichtag als jeweiliger Aufwand gebucht und auf einem der nachfolgenden Rückstellungskonten gegengebucht:

- Rückstellungen für Pensionen und ähnliche Verpflichtungen
- Steuerrückstellungen
- Sonstige Rückstellungen

Beispiel: Eine GmbH erwartet eine Gewerbesteuernachzahlung im Folgejahr und bucht „7700 Gewerbesteuer an 3800 Steuerrückstellungen“.

Rückstellungsfinanzierung

Da die Rückstellungsbeträge erst zu einem späteren Zeitpunkt zu Auszahlungen führen, stehen sie in dem Zeitraum zwischen Bildung und Inanspruchnahme (bzw. Auflösung) in voller Höhe zur Verfügung. Dieser Finanzierungseffekt ist vergleichbar mit dem der Abschreibungsrückflüsse, denn auch hier fließen die liquiden Mittel über die Umsatzerlöse in das Unternehmen zurück und werden durch die jeweiligen Aufwandsbuchungen vor Ausschüttung und Besteuerung bewahrt. Die Höhe des Betrages entspricht der Summe der Aufwandsbuchungen, die zur Bildung von Rückstellungen führen.

Merke: Keine Umsätze, keine Rückstellungsfinanzierung!

Langfristige Rückstellungen (ab 5 Jahren) erzielen einen größeren Finanzierungseffekt als kurzfristige Rückstellungen, da der Unternehmer entsprechend länger frei über diese Mittel verfügen kann. Das gilt insbesondere für Pensionsrückstellungen, die in vielen Aktiengesellschaften sogar das Grundkapital übersteigen. Aber auch vorsichtig bemessene Anteile kurzfristiger Rückstellungen können zu Finanzierungszwecken genutzt werden, da sie Jahr für Jahr neu gebildet werden und somit ständig ein verfügbarer „Bodensatz“ bereitsteht.

[1] Diese Regelung betrifft nur Unternehmen, die Bodenschätze im Tagebau fördern.

3 Ermitteln verfügbarer Gewinnanteile

Schließlich soll überprüft werden, welcher Anteil des erwarteten Jahresgewinns für die geplante Investition herangezogen werden kann. Das Controlling legt dazu die nachfolgende Planbilanz und die Plan-GuV für das laufende Geschäftsjahr vor:[1]

Planbilanz Athos AG (Geschäftsjahr)			
Aktiva (in EUR)			**Passiva (in EUR)**
A. ANLAGEVERMÖGEN		**A. EIGENKAPITAL**	
I. Sachanlagen		1. Gezeichnetes Kapital (Grundkapital)	2.400.000
1. Grundstücke und Bauten	1.741.200	2. Kapitalrücklage	1.524.000
2. Technische Anlagen und Maschinen	4.660.080	3. Gewinnrücklagen	1.402.320
3. Betriebs- und Geschäftsausstattung	798.720	4. Gewinnvortrag (Vorjahr)	215.280
II. Finanzanlagen	2.040.000	5. Jahresüberschuss	956.760
B. UMLAUFVERMÖGEN		**B. RÜCKSTELLUNGEN**	
I. Vorräte		1. Pensionsrückstellungen	1.692.000
1. Roh-, Hilfs- und Betriebsstoffe	1.827.120	2. Steuerrückstellungen	779.520
2. Unfertige Erzeugnisse	2.151.360	3. Sonstige Rückstellungen	1.620.960
3. Fertige Erzeugnisse	1.974.480	**C. VERBINDLICHKEITEN**	
II. Forderungen	7.247.040	1. Verbindlichkeiten gegenüber Kreditinstituten	7.620.000
III. Bankguthaben/Kassenbestand	1.560.000	2. Verbindlichkeiten aus Lieferungen/Leistungen	3.089.160
		3. Sonstige Verbindlichkeiten	2.700.000
	24.000.000		**24.000.000**

Plan-GuV Athos AG (Geschäftsjahr)		
		(EUR)
	Umsatzerlöse	40.800.000
–	Materialaufwand	24.537.120
–	Personalaufwand	7.915.200
–	Abschreibungen auf Sachanlagen	1.440.000
–	Sonstige betriebliche Aufwendungen	5.167.680
+	Zinserträge	142.800
–	Zinsaufwendungen	516.000
=	**Ergebnis (Gewinn vor Steuern)**	**1.366.800**
–	Steuern vom Einkommen und Ertrag	410.040
=	**Jahresüberschuss**	**956.760**

[1] Die moderne Finanzbuchhaltung erstellt bereits im Voraus eine Planbilanz und eine Plan-GuV für die laufende Periode.

Arbeitsaufträge

1. *Leiten Sie aus den vorliegenden Plandaten der Athos AG ab, welche Anteile des erwarteten Jahresgewinns für Finanzierungszwecke übrig bleiben. Füllen Sie dazu mithilfe des nachfolgenden Infotextes das Gewinnverwendungsschema aus. Vorstand und Aufsichtsrat der Athos AG werden den Jahresabschluss feststellen und einen möglichst hohen Betrag für Investitionszwecke im Unternehmen halten. Gehen Sie davon aus, dass die Hauptversammlung beschließt, 70 % des Bilanzgewinns als Dividende an die Aktionäre auszuschütten.*

Erwartete Gewinnverwendung Athos AG – Geschäftsjahr (EUR)		
	Jahresergebnis (Gewinn vor Steuern)	
–	Steuern vom Einkommen und Ertrag	
=	**Jahresüberschuss**	
–	Verlustvortrag (aus dem Vorjahr)	
=	**Zwischensumme 1**	
–	Einstellung in die gesetzliche Rücklage	
=	**Zwischensumme 2**	
–	Einstellung in andere Gewinnrücklagen	
=	**Zwischensumme 3**	
+	Gewinnvortrag (aus dem Vorjahr)	
=	**Bilanzgewinn**	
–	Dividendenausschüttung	
=	**Gewinnvortrag Folgejahr**	

Verfügbar für offene Selbstfinanzierung		
	Jahresüberschuss	
–	Dividendenausschüttung	
=	**Verfügbarer Gewinnanteil**	

2. *Der Controller der Athos AG teilt Ihnen mit, dass 25 % der offenen Selbstfinanzierung für die neue Anlage eingeplant werden können. Eine stille Selbstfinanzierung ist zurzeit nicht möglich.*

   a) *Welche Gründe könnten den Controller veranlassen, nur einen Anteil der verfügbaren Gewinnanteile zu genehmigen?*

   ____

   ____

   ____

   ____

   b) *Welchen Betrag kann der erwartete Gewinn der Athos AG zur Finanzierung der neuen Maschine beisteuern?* ________ EUR

Infotext: Finanzierung aus Gewinnen

Der Jahresgewinn der Aktiengesellschaft darf nicht nach Belieben für Finanzierungszwecke eingeplant werden. Vielmehr sieht das Aktiengesetz (AktG) Regeln der Gewinnverwendung vor:[1]

Gewinnverwendung bei der Aktiengesellschaft		
	Jahresergebnis (vor Steuern)	Differenz aus Aufwendungen und Erträgen (§ 275 HGB)
–	Steuern vom Einkommen und Ertrag	Körperschaftssteuer (Körperschaftssteuergesetz § 15) und Gewerbesteuer (Gewerbesteuergesetz §§ 6, 11)
=	**Jahresüberschuss**	Sofern unter Eigenkapital ein Verlust aus dem Vorjahr vorgetragen ist, wird dieser zunächst mit dem neuen Jahresüberschuss/-verlust verrechnet (§ 150 Abs. 2 AktG).
–	Verlustvortrag (aus dem Vorjahr)	
=	**Zwischensumme 1**	
–	Einstellung in die gesetzliche (Gewinn-)Rücklage	**Erzwungende Selbstfinanzierung:** 5 % der Zwischensumme 1 (Jahresüberschuss abzüglich Verlustvortrag) *müssen* in die gesetzliche (Gewinn-) Rücklage eingestellt werden, bis diese und die Kapitalrücklage zusammen 10 % des Grundkapitals erreichen (§ 150 Abs. 2 AktG).
=	**Zwischensumme 2**	
–	Einstellung in andere Gewinnrücklagen	**Freiwillige Selbstfinanzierung:** Maximal 50 % der Zwischensumme 2 (Jahresüberschuss abzüglich Verlustvortrag und Einstellung in die gesetzliche Rücklage) *können* Vorstand und Aufsichtsrat bei Feststellung des Jahresabschlusses in die „anderen Gewinnrücklagen" einstellen (§ 58 Abs. 2 AktG). In der Satzung der AG kann ein höherer Anteil festgelegt werden.
=	**Zwischensumme 3**	
+	Gewinnvortrag (aus dem Vorjahr)	Sofern unter Eigenkapital ein Gewinn aus dem Vorjahr vorgetragen ist, wird dieser hier hinzugerechnet (§ 158 AktG).
=	**Bilanzgewinn**	
–	Dividendenausschüttung	Die Hauptversammlung beschließt über die Verwendung des Bilanzgewinns (§ 174 AktG), im Mittelpunkt steht dabei die Höhe der Dividende, die an die Aktionäre ausgeschüttet werden soll.
=	**Gewinnvortrag Folgejahr**	

Offene Selbstfinanzierung

Die offene Selbstfinanzierung ist die Finanzierung aus dem verfügbaren Gewinnanteil des in der Bilanz ausgewiesenen Jahresgewinns. Sie kann auf einfache Weise ermittelt werden:[2]

Verfügbar für offene Selbstfinanzierung		
	Jahresüberschuss	Der verfügbare Gewinnanteil ist der Jahresüberschussanteil, der nicht an die Eigentümer ausgeschüttet wird. Er kann für betriebliche Investitionszwecke herangezogen werden („offene Selbstfinanzierung").
–	Dividendenausschüttung	
=	**Verfügbarer Gewinnanteil**	

Stille Selbstfinanzierung

Die stille Selbstfinanzierung ist die Finanzierung aus Gewinnen, welche buchhalterisch nicht ausgewiesen werden und auf gesetzlich erlaubte Bewertungsspielräume zurückzuführen ist. Man unterscheidet die „Unterbewertung von Aktiva" (z. B. Anstieg des Wertes eines Grundstücks, das gemäß HGB zu Anschaffungskosten zu bilanzieren ist) und die „Überbewertung von Passiva" (z. B. überhöht bewertete Rückstellungen für drohende Verluste) in der Finanzbuchhaltung.

1 vereinfachte Darstellung

2 Probe: Verlustvortrag Vorjahr + Einstellung in Rücklagen – Gewinnvortrag Vorjahr + Gewinnvortrag Folgejahr

Arten der Innenfinanzierung

- **Finanzierung aus Umsatzerlösen**
  - **Finanzierung aus Abschreibungen**
  - **Finanzierung aus Rückstellungen**
  - **Selbstfinanzierung** (aus Gewinnen)
- **Finanzierung aus anderen Kapitalfreisetzungen**
  - **Desinvestition** (Verkauf von Anlagevermögen)
  - **Rationalisierung** (dauerhafte Kostensenkung)

Finanzierungseffekte bei Abschreibungen

- **Kapitalfreisetzungseffekt** (Abschreibungsrückflüsse stehen für alle Arten von Finanzierungszwecken zur Verfügung.)
- **Kapazitätserweiterungseffekt** (Der Ausbau der betrieblichen Kapazitäten kann vollständig aus Abschreibungsrückflüssen finanziert werden.)

Arten der Selbstfinanzierung

Offene Selbstfinanzierung
(Einbehaltung ausgewiesener Gewinne)

am Beispiel Aktiengesellschaft:

Jahresüberschuss – Dividendenausschüttung	Verlustvortrag Vorjahr + Einstellung Rücklagen – Gewinnvortrag Vorjahr + Gewinnvortrag Folgejahr
= verfügbarer Gewinnanteil	**= verfügbarer Gewinnanteil**

Einstellung Rücklagen:
gesetzliche Rücklage = erzwungene Selbstfinanzierung
andere Rücklagen = freiwillige Selbstfinanzierung

Stille Selbstfinanzierung
(Einbehaltung nicht ausgewiesener Gewinne)

- **Unterbewertung von Aktiva**: Der tatsächliche Wert von Vermögensteilen liegt über dem Bilanzwert, die Differenz kann bei Verkauf dieser Vermögensteile realisiert werden und steht für Finanzierungszwecke zur Verfügung.
- **Überbewertung von Passiva**: Der tatsächliche Wert von Verbindlichkeiten liegt unter dem Bilanzwert, die Differenz steht nach Begleichen der Schulden für Finanzierungszwecke zur Verfügung.

III Vertiefungsaufgaben

1. *Die Krauss GmbH erwirbt eine neue CNC-gesteuerte Fräsmaschine im Wert von 144.000,00 EUR. Die kalkulatorische sowie die bilanzielle Abschreibung erfolgt linear auf Grundlage der amtlichen AfA-Tabelle (12 Jahre Nutzungsdauer) und der Anschaffungskosten.*

a) *Am Ende des ersten Jahres sollen im Rahmen der vorbereitenden Abschlussbuchungen die Abschreibungen gebucht werden. Wie lautet der Buchungssatz (mit Beträgen)?*

b) *Erläutern Sie die Auswirkungen der Abschreibungen auf die Bilanz sowie auf die Liquidität des Unternehmens.*

c) *Welche Auswirkung hätte eine degressive Abschreibung der Anlage im ersten Jahr auf die Innenfinanzierung, wenn sie steuerlich abzugsfähig wäre?*

2. *Erläutern Sie den Unterschied zwischen Rückstellungen und Rücklagen.*

3. *Die LEMOX AG muss für die vertraglich vereinbarte Betriebsrente 5 % der Gehälter zurückstellen. Die Gehälter belaufen sich auf 250.000,00 EUR.*

a) *Recherchieren Sie den Buchungssatz zur Bildung der Rückstellungen.*

b) *Erläutern Sie die Auswirkungen der Bildung der Rückstellungen auf die Bilanz sowie auf die Liquidität des Unternehmens.*

4. *Erläutern Sie Risiken der Abschreibungs- und Rückstellungsfinanzierung.*

5. *Ihnen liegen nachfolgende (vereinfachte) Bilanzen für das abgelaufene Geschäftsjahr vor. In allen Fällen stellen Vorstand und Aufsichtsrat den Jahresabschluss fest und wollen möglichst viel Kapital für bevorstehende Investitionen im Unternehmen halten. Ermitteln Sie für die Unternehmen jeweils den Betrag, der für die offene Selbstfinanzierung zur Verfügung steht sowie den Gewinnvortrag.*

a) *Die Hauptversammlung der Barenburg AG beschließt, 80 % des Bilanzgewinns als Dividende an die Aktionäre auszuschütten.*

Bilanz Barenburg AG (Geschäftsjahr)			
Aktiva (Mio. EUR)			**Passiva (Mio. EUR)**
A. Anlagevermögen	900,00	**A. Eigenkapital**	
B. Umlaufvermögen	600,00	I. Gezeichnetes Kapital	400,00
		II. Kapitalrücklage	20,00
		III. Gewinnrücklagen	
		1. Gesetzliche Rücklage	10,00
		2. Andere Gewinnrücklagen	100,00
		IV. Verlustvortrag	30,00
		V. Jahresüberschuss	80,00
		B. Rückstellungen	320,00
		C. Verbindlichkeiten	600,00
	1.500,00		**1.500,00**

b) *Die Hauptversammlung der Optika AG beschließt, 60 % des Bilanzgewinns als Dividende an die Aktionäre auszuschütten.*

Bilanz Optika AG (Geschäftsjahr)			
Aktiva (Tsd. EUR)			**Passiva (Tsd. EUR)**
A. Anlagevermögen	13.500,00	**A. Eigenkapital**	
B. Umlaufvermögen	9.000,00	I. Gezeichnetes Kapital	6.000,00
		II. Kapitalrücklage	240,00
		III. Gewinnrücklagen	
		1. Gesetzliche Rücklage	210,00
		2. Andere Gewinnrücklagen	1.500,00
		IV. Gewinnvortrag	450,00
		V. Jahresüberschuss	1.200,00
		B. Rückstellungen	4.800,00
		C. Verbindlichkeiten	8.100,00
	22.500,00		**22.500,00**

c) *Die Hauptversammlung der Seliger AG hat beschlossen, 90 % des Bilanzgewinns als Dividende an die Aktionäre auszuschütten.*

Bilanz Seliger AG (Geschäftsjahr)			
Aktiva (Mio. EUR)			**Passiva (Mio. EUR)**
A. Anlagevermögen	1.904,00	**A. Eigenkapital**	
B. Umlaufvermögen	1.268,00	I. Gezeichnetes Kapital	800,00
		II. Kapitalrücklage	24,00
		III. Gewinnrücklagen	
		1. Gesetzliche Rücklage	48,00
		2. Andere Gewinnrücklagen	160,00
		IV. Verlustvortrag	20,00
		V. Jahresüberschuss	320,00
		B. Rückstellungen	640,00
		C. Verbindlichkeiten	1.200,00
	3.172,00		**3.172,00**

6. *Ermitteln Sie mithilfe der vorliegenden Informationen das maximale Innenfinanzierungspotenzial der Hamburger Import Aktiengesellschaft. Kalkulatorische und bilanzielle Abschreibungen werden bei der Hamburger Import AG nicht unterschieden. Die Rückstellungen in der Vorjahresbilanz beliefen sich auf 29.700,00 EUR, es handelt sich dabei in beiden Bilanzen ausschließlich um Pensionsrückstellungen. Die Hauptversammlung beschließt, 80 % des Bilanzgewinns als Dividende an die Aktionäre auszuschütten.*

Bilanz Hamburger Import AG (Geschäftsjahr)			
Aktiva (Tsd. EUR)			**Passiva (Tsd. EUR)**
A. Anlagevermögen	**102.000,00**	**A. Eigenkapital**	
B. Umlaufvermögen	**68.000,00**	I. Gezeichnetes Kapital	45.000,00
		II. Kapitalrücklage	450,00
		III. Gewinnrücklagen	
		1. Gesetzliche Rücklage	675,00
		2. Andere Gewinnrücklagen	11.250,00
		IV. Gewinnvortrag	1.125,00
		V. Jahresüberschuss	23.750,00
		B. Rückstellungen	33.750,00
		C. Verbindlichkeiten	54.000,00
	170.000,00		**170.000,00**

GuV Hamburger Import AG (Geschäftsjahr)		
		(Tsd. EUR)
	Umsatzerlöse	250.000,00
–	Materialaufwand	150.000,00
–	Personalaufwand	31.250,00
–	Abschreibungen auf Sachanlagen	15.000,00
–	Sonstige betriebliche Aufwendungen	45.000,00
+	Zinserträge	32.500,00
–	Zinsaufwendungen	5.625,00
=	**Ergebnis (Gewinn vor Steuern)**	**35.625,00**
–	Steuern vom Einkommen und Ertrag	11.875,00
–	**Jahresüberschuss**	**23.750,00**

E Beteiligungsfinanzierung

I Praxisfall „Athos AG“

1 Analysieren der Auswirkungen einer Kapitalerhöhung auf die Bilanz

Der Vorstand der Athos AG zieht in Erwägung, die neue Anlage durch die Erhöhung des Eigenkapitals zu finanzieren, also neue Aktien auszugeben. Dazu müssen die erwarteten Auswirkungen einer solchen „ordentlichen Kapitalerhöhung“ auf die Planbilanz des laufenden Geschäftsjahres untersucht werden. Diese weist nach gegenwärtiger Planung des Controllings folgende Zahlen aus:

Planbilanz Athos AG – Geschäftsjahr (ohne Kapitalerhöhung)			
Aktiva (EUR)			**Passiva (EUR)**
A. Anlagevermögen		**A. Eigenkapital**	
I. Sachanlagen	7.200.000	I. Gezeichnetes Kapital (Grundkapital)	2.400.000
II. Finanzanlagen	2.040.000	II. Kapitalrücklage	1.524.000
B. Umlaufvermögen		III. Gewinnrücklagen	1.402.320
I. Vorräte	5.952.960	IV. Gewinnvortrag	215.280
II. Forderungen	7.247.040	V. Jahresüberschuss	956.760
III. Bankguthaben/Kassenbestand	1.560.000	**B. Rückstellungen**	4.092.480
		C. Verbindlichkeiten	13.409.160
	24.000.000		**24.000.000**

Das Grundkapital besteht gegenwärtig aus 2,4 Mio. Stückaktien im Streubesitz. Um abschätzen zu können, ob die Aktionäre in der Hauptversammlung einer ordentlichen Kapitalerhöhung zustimmen, wurde eine Aktionärsbefragung mit nachfolgenden Ergebnissen durchgeführt:

Erhöhung des Grundkapitals im Verhältnis:	1 : 1	2 : 1	3 : 1	4 : 1	5 : 1	6 : 1	7 : 1	8 : 1	9 : 1	10 : 1
Anteil des auf der Hauptversammlung vertretenen Grundkapitals, der einer Kapitalerhöhung zustimmen würde:	3 %	9 %	18 %	33 %	48 %	59 %	72 %	76 %	81 %	92 %

Arbeitsaufträge

Bearbeiten Sie die Aufträge mithilfe des nachfolgenden Infotextes.

1. *In welchem Umfang ist eine Erhöhung des Grundkapitals der Athos AG auf der Hauptversammlung zu erwarten, wenn der Vorstand ein Interesse an einem möglichst hohen Mittelzufluss hat? Geben Sie den konkreten Eurobetrag an und begründen Sie Ihre Meinung.*

2. *Wie viele Stückaktien wird die Athos AG für die Kapitalerhöhung gemäß § 182 AktG ausgeben und zu welchem fiktiven Nennwert?*

3. *Wie hoch wäre der Mittelzufluss für die Athos AG bei einem Emissionspreis in Höhe von 8,75 EUR je Aktie und Emissionskosten in Höhe von 6 % des Emissionserlöses?*

4. *Stellen Sie die Auswirkungen der ordentlichen Kapitalerhöhung auf die Planbilanz der Athos AG für das Geschäftsjahr dar:*

Planbilanz Athos AG – Geschäftsjahr (mit Kapitalerhöhung)			
Aktiva (EUR)			**Passiva (EUR)**
A. Anlagevermögen		**A. Eigenkapital**	
I. Sachanlagen	________	I. Gezeichnetes Kapital	________
II. Finanzanlagen	________	II. Kapitalrücklage	________
B. Umlaufvermögen		III. Gewinnrücklagen	________
I. Vorräte	________	IV. Gewinnvortrag	________
II. Forderungen	________	V. Jahresüberschuss	________
III. Bankguthaben/Kassenbestand	________	**B. Rückstellungen**	________
		C. Verbindlichkeiten	________

5. *Ermitteln und erläutern Sie die Entwicklung des einfachen sowie des korrigierten Bilanzkurses unter der Annahme, dass die Athos AG über stille Reserven in Höhe von 432.000,00 EUR verfügt.*

Infotext: Die ordentliche Kapitalerhöhung aus Perspektive des Unternehmens

Voraussetzungen einer ordentlichen Kapitalerhöhung

Die Aktionäre können beschließen, das Grundkapital (auch „gezeichnetes Kapital" genannt) der Aktiengesellschaft zu erhöhen. Die „ordentliche Kapitalerhöhung" ist die meistgewählte Variante von Kapitalerhöhungen und an folgende Voraussetzungen geknüpft (§ 182 (1) AktG):

- Die Kapitalerhöhung kann nur mit mindestens drei Viertel des auf der Hauptversammlung anwesenden Grundkapitals beschlossen werden.
- Bei Stückaktien müssen sich Grundkapital und Anzahl der Aktien in demselben Verhältnis erhöhen, d. h., das Grundkapital in der Bilanz und die Anzahl der Stückaktien steigen proportional an. Dadurch wird der (fiktive) Nennwert der alten Aktien nicht verwässert.

Beispiel: Das Grundkapital der Beispiel AG in Höhe von 10 Mio. EUR ist zerlegt in 2 Mio. Stückaktien mit einem fiktiven Nennwert von 5,00 EUR je Aktie. Im Rahmen einer ordentlichen Kapitalerhöhung wird das Grundkapital im Verhältnis 10 : 1 und damit um 1 Mio. EUR erhöht. Das Unternehmen muss also 200.000 neue Stückaktien ausgegeben.

Emission der neuen Aktien

Die Emission (Ausgabe der neuen Aktien) kann das Unternehmen („Emittent") selbst übernehmen („Selbstemission") oder einem Kreditinstitut bzw. einer Gruppe von Kreditinstituten („Konsortium") überlassen („Fremdemission"), die Fremdmission ist jedoch der Normalfall. Der **Emissionspreis** (Ausgabepreis) der neuen Aktie wird in Deutschland üblicherweise mit folgenden Verfahren bestimmt:

- **Festpreisverfahren:** Emittent und Konsortium legen einen Emissionspreis fest. Früher war dieses Verfahren in Deutschland üblich, heute wird es überwiegend nur noch bei kleinen Kapitalerhöhungen angewendet, für die das Bookbuilding-Verfahren zu aufwendig wäre.
- **Bookbuilding-Verfahren:** In einem standardisierten Verfahren werden die Preisvorstellungen großer institutioneller Kaufinteressenten erfragt und ein entsprechender Emissionspreis bestimmt. Dieses Verfahren hat sich bei großen Kapitalerhöhungen international durchgesetzt.

Der **Emissionserlös** ist das Produkt aus Emissionspreis und Anzahl der neu ausgegebenen Aktien. Dieser kann bei Kapitalerhöhungen großer Unternehmen viele Millionen Euro betragen.

Beispiel: Die Beispiel AG emittiert die 200.000 neuen Aktien zum Preis von 45,00 EUR je Stück an interessierte Anleger und erwirtschaftet damit einen Emissionserlös in Höhe von 9 Mio. EUR.

Die **Emissionskosten** für eine Neuemission belaufen sich auf rund 5 bis 10 % des Emissionserlöses.[1] Beim Bookbuilding-Verfahren entfällt ein erheblicher Anteil dieser Kosten auf das Bankenkonsortium, welche das Emissionsverfahren organisiert. Dazu kommen noch Kosten für Börsenprospekte, Beratung, Börsenspesen, Notariatsgebühren und Kosten des Registergerichts. Diese Kosten sind vom Emissionserlös abzuziehen, um den tatsächlichen Mittelzufluss für den Emittenten zu ermitteln.

Auswirkungen einer ordentlichen Kapitalerhöhung auf die Bilanz

Die ordentliche Kapitalerhöhung erhöht auf der Aktivseite das Bankguthaben um den tatsächlichen Mittelzufluss und berührt auf der Passivseite drei Positionen des Eigenkapitals:

- Das **Grundkapital** erhöht sich um die Summe der (fiktiven) Nennbeträge der neu ausgegebenen Aktien (§ 272 (1) HGB).
- Die Differenz zwischen (fiktivem) Nennwert und tatsächlichem Ausgabepreis wird als **Agio** (Aufgeld) bezeichnet und ist der **Kapitalrücklage** zuzuführen (§ 272 (2) Nr. 1 HGB).
- Die Emissionskosten stellen handelsrechtlich außerordentliche Aufwendungen dar und mindern entsprechend den **Jahresüberschuss** (§ 277 (4) HGB).[2]

Beispiel: In der Bilanz der Beispiel AG erhöht sich das Grundkapital um 1 Mio. EUR und die Kapitalrücklage um 8 Mio. EUR (Emissionserlös abzüglich Grundkapitalerhöhung). Der Jahresüberschuss vermindert sich um 450.000,00 EUR (5 % Emissionskosten = Aufwand), das Bankguthaben erhöht sich durch den Mittelzufluss (Emissionserlös abzüglich Emissionskosten) um 8.550.000,00 EUR:

---

1 vgl. Olfert, Reichel: Finanzierung (2008), Seite 248

2 vgl. Ellrott u. a.: Beck'scher Bilanzkommentar (2011), S. 1177

Bilanz Beispiel AG (vor Kapitalerhöhung)			
Aktiva (in Tsd. EUR)			**Passiva (in Tsd. EUR)**
A. Anlagevermögen		**A. Eigenkapital**	
I. Sachanlagen	44.840	I. Gezeichnetes Kapital (Grundkapital)	10.000
II. Finanzanlagen	8.968	II. Kapitalrücklage	18.000
B. Umlaufvermögen		III. Gewinnrücklagen	4.500
I. Vorräte	13.452	IV. Gewinnvortrag	325
II. Forderungen	17.936	V. Jahresüberschuss	1.625
III. Bankguthaben/Kassenbestand	4.484	**B. Rückstellungen**	7.000
		C. Verbindlichkeiten	48.230
	89.680		**89.680**

Bilanz Beispiel AG (nach Kapitalerhöhung)			
Aktiva (in Tsd. EUR)			**Passiva (in Tsd. EUR)**
A. Anlagevermögen		**A. Eigenkapital**	
I. Sachanlagen	44.840	I. Gezeichnetes Kapital (Grundkapital)	11.000
II. Finanzanlagen	8.968	II. Kapitalrücklage	26.000
B. Umlaufvermögen		III. Gewinnrücklagen	4.500
I. Vorräte	13.452	IV. Gewinnvortrag	325
II. Forderungen	17.936	V. Jahresüberschuss	1.175
III. Bankguthaben/Kassenbestand	13.034	**B. Rückstellungen**	7.000
		C. Verbindlichkeiten	48.230
	98.230		**98.230**

Auswirkungen einer ordentlichen Kapitalerhöhung auf den Bilanzkurs

Bilanzkurs: Der Bilanzkurs setzt das „bilanzierte Eigenkapital"[1] ins Verhältnis zum Grundkapital:

$$\text{Bilanzkurs} = \frac{\text{bilanziertes Eigenkapital} \cdot 100}{\text{Grundkapital}}$$

Anders als der bekanntere Börsenkurs der Aktie, der sich durch Angebot und Nachfrage nach Aktien an der Börse ergibt, handelt es sich beim Bilanzkurs um den rechnerischen Substanzwert („inneren Wert") einer Aktie, für den sich Finanzanalysten und die Wirtschaftspresse interessieren.

Beispiel: *Aus der Bilanz der Beispiel AG ergibt sich ein Bilanzkurs in Höhe von 328 % vor der Kapitalerhöhung und in Höhe von 380 % nach der Kapitalerhöhung. Auf eine Aktie mit einem Nennwert von 1,00 EUR entfallen nach der Erhöhung also zusätzliche 2,80 EUR Eigenkapital.*

Korrigierter Bilanzkurs: Das Unternehmen kann durch die Unterbewertung von Aktiva und die Überbewertung von Passiva „stille Reserven" bilden, welche nicht in der Bilanz ausgewiesen werden (siehe Kapitel D Innenfinanzierung, Seite 60). Deshalb hat der Bilanzkurs nur eine eingeschränkte Aussagefähigkeit. Diesen Mangel behebt der „korrigierte Bilanzkurs", welcher die stillen Reserven berücksichtigt:

$$\text{korrigierter Bilanzkurs} = \frac{(\text{bilanziertes Eigenkapital} + \text{stille Reserven}) \cdot 100}{\text{Grundkapital}}$$

Beispiel: *Aus der Bilanz der Beispiel AG ergibt sich aufgrund von stillen Reserven in Höhe von 650.000,00 EUR ein korrigierter Bilanzkurs in Höhe von 335 % vor der Kapitalerhöhung und in Höhe von 386 % nach der Kapitalerhöhung. Auf eine Aktie mit einem Nennwert von 1,00 EUR entfallen damit nach der Erhöhung also zusätzliche 2,86 EUR Eigenkapital.*

[1] Bilanziertes Eigenkapital = Grundkapital + Kapitalrücklage + Gewinnrücklagen + Gewinnvortrag − Verlustvortrag

2 Analysieren der Auswirkungen einer Kapitalerhöhung auf die Aktionäre

Beispielhaft sollen für den Großaktionär Trelleborg als Eigentümer von 50.000 Stückaktien der Athos AG die Auswirkungen einer ordentlichen Kapitalerhöhung untersucht werden. Der aktuelle Börsenkurs der Athos-Aktie beträgt 10,00 EUR.

Arbeitsaufträge
Bearbeiten Sie die Aufträge mithilfe der Angaben aus Abschnitt 1 und des nachfolgenden Infotextes.

1. *Wie würden sich die Stimmrechtsanteile Trelleborgs durch die ordentliche Kapitalerhöhung verändern, wenn er keine Bezugsrechte hätte?*

2. *Wie würde sich das Aktienvermögen Trelleborgs durch die ordentliche Kapitalerhöhung verändern, wenn er keine Bezugsrechte hätte?*

3. *Auf wie viele neue Aktien der Athos AG hätte Trelleborg einen Rechtsanspruch nach § 186 AktG?*

4. *Wie hoch wäre der Wert des rechnerischen Bezugsrechts in Euro und welchen Erlös könnte Trelleborg durch den Verkauf seiner Bezugsrechte maximal erzielen?*

5. *Beurteilen Sie die Kapitalerhöhung aus Sicht der Athos-Aktionäre, die nicht über die liquiden Mittel verfügen, um neue Aktien der Athos AG zu erwerben.*

Infotext: Die ordentliche Kapitalerhöhung aus Perspektive der Aktionäre

Nachteile einer ordentlichen Kapitalerhöhung für die Aktionärsrechte

- **Stimmrechtsverlust:** Aktionäre besitzen Stimmrechte im Verhältnis ihrer Aktienanteile am Grundkapital. Erhöht die Aktiengesellschaft ihr Grundkapital durch die Ausgabe neuer Aktien, sinkt entsprechend der Stimmrechtsanteil der Altaktionäre.

  Beispiel: Aktionär Schulze besitzt 20.000 Stückaktien der Beispiel AG, die ursprünglich insgesamt 2 Mio. Stückaktien ausgegeben hatte. Sein Anteil beläuft sich somit bislang auf 1 %. Erhöht die AG nun ihr Kapital um weitere 200.000 Aktien und erwirbt Schulze keine neuen Aktien, sinkt sein Anteil auf 0,91 %.

- **Vermögensnachteil:** Bei einer Kapitalerhöhung werden die neuen Aktien nur dann nachgefragt, wenn ihr Ausgabepreis unterhalb des bisherigen Aktienkurses liegt. Theoretisch sinkt daher der Aktienkurs nach der Kapitalerhöhung auf einen Mittelkurs:

$$\text{Mittelkurs} = \frac{\text{Anzahl alte Aktien} \cdot \text{Kurs alte Aktien} + \text{Anzahl neue Aktien} \cdot \text{Emissionspreis}}{\text{Anzahl alte Aktien} + \text{Anzahl neue Aktien}}$$

  Beispiel: Die Beispiel AG emittiert die neue Aktie zu einem Emissionspreis von 45,00 EUR, der bisherige Börsenkurs belief sich auf 50,00 EUR. Folgender Mittelkurs ist zu erwarten:

$$\textit{Mittelkurs} = \frac{\textit{2 Mio. Stück} \cdot \textit{50,00 EUR} + \textit{200.000 Stück} \cdot \textit{45,00 EUR}}{\textit{2 Mio. Stück} + \textit{200.000 Stück}} = \textit{49,55 EUR}$$

  Schulze stellt fest, dass der Kurs nach der Kapitalerhöhung von 50,00 EUR auf einen Mittelkurs in Höhe von 49,55 EUR gefallen ist. Er verliert also 0,45 EUR je Aktie und bei 20.000 Aktien insgesamt 9.000,00 EUR.

Bezugsrechte der Aktionäre bei einer Kapitalerhöhung

Um den Aktionär vor solchen Nachteilen zu schützen, sieht § 186 AktG ein Bezugsrecht vor: Danach hat jeder Altaktionär bei einer Kapitalerhöhung mindestens zwei Wochen lang das Recht, so viele der neu ausgegebenen Aktien zu beziehen, dass sein Anteil am Grundkapital – und damit sein Stimmrechtsanteil – unverändert bleibt. Über das „Bezugsverhältnis“ kann der Aktionär ermitteln, wie viele neue Aktien ihm zustehen:

$$\text{Bezugsverhältnis} = \frac{\text{Anzahl alte Aktien}}{\text{Anzahl neue Aktien}}$$

Beispiel: Bei der Beispiel AG besteht ein Bezugsverhältnis von 10 : 1. Schulze hätte mit 20.000 Stückaktien also das Recht, 2.000 neue Aktien zu beziehen.

Das Bezugsrecht kann auf der Hauptversammlung mit einer Dreiviertelmehrheit ausgeschlossen werden (§ 186 (3) AktG), was in der Praxis jedoch nur selten vorkommt.

Wert der Bezugsrechte

Falls der Aktionär keine neuen Aktien erwerben will, kann er bis zum Zeitpunkt der Emission seine Bezugsrechte an der Börse verkaufen, wo sie, wie andere Wertpapiere auch, eine eigene Wertpapierkennnummer erhalten. Dabei entfällt auf jede Altaktie ein Bezugsrecht. Der Wert der Bezugsrechte wird folgendermaßen berechnet:

$$\text{Wert eines Bezugsrechts} = \text{Kurs alte Aktien} - \text{Mittelkurs}$$

$$= \frac{\text{Kurs alte Aktien} - \text{Emissionspreis neue Aktien}}{\text{Bezugsverhältnis} + 1}$$

Beispiel: Bei der Beispiel AG ergibt sich ein rechnerischer Bezugsrechtwert von 0,45 EUR (50,00 EUR – 49,55 EUR). Aktionär Schulze kann seine 20.000 Bezugsrechte im Wert von je 0,45 EUR verkaufen und mit dem Verkaufserlös in Höhe von 9.000,00 EUR seinen Kurswertverlust ausgleichen.

Der reale Börsenwert der Bezugsrechte kann von diesem rechnerischen („inneren“) Wert abweichen, da er von der tatsächlichen Nachfrage der Anleger nach neuen Aktien abhängig ist. Die Börse stellt den Bezugsrechtshandel spätestens zum Zeitpunkt der Emission der neuen Aktien ein.

II Kompaktwissen

Beteiligungsfinanzierung ausgewählter Rechtsformen

Rechtsform	Einzelunternehmung	Personengesellschaften		Kapitalgesellschaften		
		OHG	KG	GmbH	AG	KGaA
Gesetzliche Grundlage	§§ 101-104 HGB	§§ 105-160 HGB	§§ 161-177 HGB	GmbH-Gesetz	Aktiengesetz	Aktiengesetz §§ 278-290
Gründungskapital	keins	keins	keins	25.000,00 EUR	50.000,00 EUR	50.000,00 EUR
Emissionsfähigkeit	Nicht emissionsfähig: Beteiligung durch Einlagen				Emissionsfähig: Beteiligung durch Aktien	

Aktienarten – unterschieden nach:

- **Zerlegung des Grundkapitals**
  - Nennwertaktie
  - Stückaktie
- **Art und Umfang der Stimmrechte**
  - Stammaktie
  - Vorzugsaktie
- **Übertragbarkeit**
  - Namensaktie
  - Inhaberaktie
- **Ausgabezeitpunkt**
  - Alte Aktie
  - Junge Aktie

Aktienart	Beschreibung
Nennwertaktien	lauten auf einen bestimmten Nennwert (mindestens 1,00 EUR oder ein Vielfaches davon). Die Summe der Nennwerte ergibt das Grundkapital der AG. Sie dürfen nicht unter ihrem Nennwert ausgegeben werden, wohl aber darüber („über pari"). Die entsprechenden Mehrerlöse („Agio") sind in die Kapitalrücklage einzustellen.
Stückaktien	verbriefen einen Anteil am Grundkapital, welcher bei allen Stückaktien gleich hoch ist („nennwertlose Aktien"). Teilt man das Grundkapital durch die Anzahl der Stückaktien, erhält man den „fiktiven Nennwert", der mindestens 1,00 EUR betragen muss. Mehrerlöse sind auch hier in die Kapitalrücklage einzustellen.
Stammaktien	verbriefen gleiche Rechte für alle Aktionäre („Gleichheitsprinzip"), wie z. B. das Recht auf Teilnahme an der Hauptversammlung, Auskunfts-, Vorschlags-, Antrags- und Stimmrechte auf der Hauptversammlung sowie Bezugsrechte bei Kapitalerhöhungen, das Recht auf Dividende und einen Anteil am Liquidationserlös.
Vorzugsaktien	räumen bestimmten Aktionären (vor allem Mitarbeitern der Aktiengesellschaft) besondere Rechte ein, beispielsweise bei der Gewinnverteilung, dem Bezugsrecht und der Verteilung des Liquidationserlöses. Sie können aber auch mit Nachteilen verbunden sein (z. B. Ausschluss des Stimmrechts).
Namensaktien	werden im Aktienregister der AG mit Namen, Geburtstag und Adresse des Aktionärs sowie Stückzahl bzw. Aktiennummer eingetragen. Die Übertragung erfolgt durch Einigung, Übergabe und Indossament und wird im Aktienbuch dokumentiert. „Vinkulierte Namensaktien" können nur mit Zustimmung der AG übertragen werden.
Inhaberaktien	gehören dem, der sie besitzt, der Aktionär bleibt für die Aktiengesellschaft anonym. Die Eigentumsübertragung erfolgt durch Einigung und Übergabe. In der Vergangenheit waren sie in Deutschland üblich, verlieren jedoch gegenüber der Namensaktie an Bedeutung.
Alte Aktien	sind die Aktien, die vor einer Kapitalerhöhung in Umlauf sind. Ihr Wert bestimmt sich durch Angebot und Nachfrage an der Börse, die zum Aktienkurs führt.
Junge Aktien	werden im Rahmen einer Kapitalerhöhung neu ausgegeben („emittiert"). Um sie für Käufer attraktiv zu machen, wird der Emissionspreis unterhalb des Börsenkurses festgelegt.

Arten der Kapitalerhöhung einer Aktiengesellschaft

Ordentliche Kapitalerhöhung §§ 182–191 AktG	Bedingte Kapitalerhöhung §§ 192–201 AktG	Genehmigte Kapitalerhöhung §§ 202–206 AktG	Kapitalerhöhung aus Gesellschaftsmitteln §§ 207–220 AktG
„Normalfall" der Kapitalerhöhungen; sie wird nur bei erheblichem Kapitalbedarf vorgenommen, da sie sehr aufwendig und mit einer Verschiebung der Mitspracherechte verbunden ist.	Die Hauptversammlung beschließt die Kapitalerhöhung nur für bestimmte Zwecke (z. B. Vorbereitung einer Fusion) gemäß § 192 AktG.	Die Hauptversammlung ermächtigt den Vorstand zu einer Kapitalerhöhung innerhalb von 5 Jahren, damit dieser flexibel und angemessen auf einen entsprechenden Kapitalbedarf reagieren kann.	Die Hauptversammlung beschließt die Umwandlung der Kapitalrücklage in Grundkapital i. d. R. mit dem Ziel, den Aktienkurs zu senken, welcher gewöhnlich auf den Bilanzkurs reagiert.

Ordentliche Kapitalerhöhung

Voraussetzungen

- Zustimmung von drei Vierteln des auf der Hauptversammlung vertretenen Grundkapitals
- bei Stückaktien: Erhöhung der Aktienanzahl im selben Verhältnis wie Erhöhung des Grundkapitals in der Bilanz
- Erhöhung nur durch neue („junge") Aktien
- andere Voraussetzungen (hier nicht vertieft)

Auswirkungen

auf die Bilanz

- Bankguthaben: Erhöhung um Mittelzufluss
- Grundkapital: Erhöhung um Summe der (fiktiven) Nennbeträge
- Kapitalrücklage: Erhöhung um den erzielten Mehrerlös („Agio")
- Jahresüberschuss: Verringerung um die Höhe der Emissionskosten

auf die Aktionäre

- Stimmrechtsverlust
- Vermögensnachteil

Stimmrechtsverlust und Vermögensnachteil werden durch die Bezugsrechte ausgeglichen.

Formelkasten

Emissionserlös	Anzahl junge Aktien · Emissionspreis
Mittelzufluss	Emissionserlös – Emissionskosten
Mehrerlös (Agio)	(Emissionspreis – Nennwert) · Anzahl junge Aktien
Bilanzkurs	$\frac{\text{bilanziertes Eigenkapital} \cdot 100}{\text{Grundkapital}}$
Bilanziertes Eigenkapital	Grundkapital + Kapitalrücklage + Gewinnrücklagen + Gewinnvortrag – Verlustvortrag
Korrigierter Bilanzkurs	$\frac{(\text{bilanziertes Eigenkapital} + \text{stille Reserven}) \cdot 100}{\text{Grundkapital}}$
Mittelkurs	$\frac{\text{Anzahl alte Aktien} \cdot \text{Kurs alte Aktien} + \text{Anzahl neue Aktien} \cdot \text{Emissionspreis}}{\text{Anzahl alte Aktien} + \text{Anzahl neue Aktien}}$
Bezugsverhältnis	$\frac{\text{Anzahl alte Aktien}}{\text{Anzahl neue Aktien}}$
Wert Bezugsrecht	Kurs alte Aktien – Mittelkurs

III Vertiefungsaufgaben

1. *Das Grundkapital der Lindert AG in Höhe von 50 Mio. EUR ist zerlegt in 50 Mio. Stückaktien (aktueller Börsenkurs: 15,00 EUR). Der Vorstand der Lindert AG lässt sich für eine Großinvestition auf der Hauptversammlung die Erhöhung des Grundkapitals im Verhältnis 5 : 1 genehmigen. Der Konsortialführer des Bankenkonsortium legt im Rahmen des Emissionsverfahrens einen Emissionspreis in Höhe von 12,00 EUR fest, es fallen Emissionskosten in Höhe von 10 % des Emissionserlöses an.*

a) Wie viele neue Aktien muss die Lindert AG gemäß AktG ausgeben?
b) Wie hoch ist der fiktive Nennwert der Lindert-Aktie vor und nach der Kapitalerhöhung?
c) Wie hoch ist das Agio je Aktie?
d) Wie hoch ist der tatsächliche Mittelzufluss für das Unternehmen?
e) Welche Auswirkungen hat die Kapitalerhöhung auf das Grundkapital und die Kapitalrücklage?
f) Wie hoch ist der rechnerische Mittelkurs, der nach der Emission zu erwarten ist?
g) Ermitteln Sie den rechnerischen Wert des Bezugsrechts in Euro.

2. *Die Hauptversammlung des Turbinenherstellers Bergmann AG beschließt, ihr Grundkapital um 10 Mio. EUR zu erhöhen. Gegenwärtig werden die Stückaktien der Bergmann AG, von der 12 Mio. Stück im Umlauf sind, mit 42,00 EUR an der Börse gehandelt. Der Konsortialführer legt einen Emissionspreis in Höhe von 35,00 EUR fest, die Emissionskosten belaufen sich insgesamt auf 9 % des Emissionserlöses. Die gegenwärtige Bilanz der Bergmann AG sieht folgendermaßen aus:*

Bilanz Bergmann AG (vor Kapitalerhöhung)			
Aktiva (Tsd. EUR)			**Passiva (Tsd. EUR)**
A. Anlagevermögen		**A. Eigenkapital**	
I. Sachanlagen	331.050,00	I. Gezeichnetes Kapital	60.000,00
II. Finanzanlagen	66.210,00	II. Kapitalrücklage	108.000,00
B. Umlaufvermögen		III. Gewinnrücklagen	27.000,00
I. Vorräte	99.315,00	IV. Gewinnvortrag	1.950,00
II. Forderungen	132.420,00	V. Jahresüberschuss	9.750,00
III. Bankguthaben/Kassenbestand	33.105,00	**B. Rückstellungen**	42.000,00
		C. Verbindlichkeiten	413.400,00
	662.100,00		**662.100,00**

a) Stellen Sie die Auswirkungen der Kapitalerhöhung auf die Bilanz dar.
b) Wie hoch ist der rechnerische Wert des Bezugsrechts je Bergmann-Aktie und wie viele neue Aktien kann Aktionär Seidel beanspruchen, wenn er 240.000 alte Aktien besitzt?
c) Ermitteln Sie die Entwicklung des einfachen Bilanzkurses.

3. *Die Celler Glas AG hat ihr Grundkapital in 24 Mio. Stückaktien (aktueller Börsenkurs: 200,00 EUR) zerlegt. Für den Aufbau einer neuen Produktionshalle lässt sich der Vorstand von der Hauptversammlung die Erhöhung des Grundkapitals im Verhältnis 10 : 1 genehmigen. Im Rahmen eines Bookbuilding-Verfahrens legt der Konsortialführer einen Emissionspreis in Höhe von 180,00 EUR fest, die Emissionskosten belaufen sich insgesamt auf 7 % des Emissionserlöses. Die gegenwärtige Bilanz der Celler Glas AG sieht folgendermaßen aus:*

a) Stellen Sie die Auswirkungen der Kapitalerhöhung auf die Bilanz (Seite 73 oben) dar.
b) Die Bierbrau AG hält 600.000 Stückaktien der Celler Glas AG. Wie viele junge Aktien kann die Bierbrau AG beanspruchen und wie hoch ist der Gesamtwert ihrer Bezugsrechte in Euro?
c) Wie entwickelt sich der korrigierte Bilanzkurs bei stillen Reserven in Höhe von 7,8 Mio. EUR?

Bilanz Celler Glas AG (vor Kapitalerhöhung)			
Aktiva (Tsd. EUR)			**Passiva (Tsd. EUR)**
A. Anlagevermögen		**A. Eigenkapital**	
I. Sachanlagen	558.750,00	I. Gezeichnetes Kapital	120.000,00
II. Finanzanlagen	111.750,00	II. Kapitalrücklage	216.000,00
B. Umlaufvermögen		III. Gewinnrücklagen	54.000,00
I. Vorräte	167.625,00	IV. Gewinnvortrag	3.900,00
II. Forderungen	223.500,00	V. Jahresüberschuss	19.500,00
III. Bankguthaben/Kassenbestand	55.875,00	**B. Rückstellungen**	84.000,00
		C. Verbindlichkeiten	620.100,00
	1.117.500,00		**1.117.500,00**

4. *Die Teerlander AG ist ein Logistikunternehmen mit Sitz in Hamburg. Das Unternehmen benötigt für den Ausbau seiner Lagerkapazitäten 5,5 Mio. EUR. Die Emissionskosten belaufen sich auf 8 %. Welchen Emissionserlös muss die Teerlander AG erzielen?*

5. *Die Kölner Reifenwerke AG (Grundkapital: 80 Mio. EUR zerlegt in 80 Mio. Stückaktien) plant den Aufbau einer neuen Produktionsanlage, die mit einem Kapitalbedarf in Höhe von 252 Mio. EUR verbunden ist. Derzeit wird die Aktie der Kölner Reifenwerke AG an der Börse mit 32,00 EUR gehandelt, der Konsortialführer legt den Emissionspreis im Rahmen des Bookbuilding-Verfahrens 12,5 % unter Börsenkurs fest. Die Emissionskosten belaufen sich insgesamt auf 10 % des Emissionserlöses.*

a) Welchen Emissionserlös muss das Unternehmen mindestens erzielen?
b) Wie ändern sich Grundkapital, Kapitalrücklage und Bankguthaben in der Bilanz?
c) Wie hoch sind rechnerischer Mittelkurs und Wert des Bezugsrechts der Aktie?

6. *Welche Vorteile und welche Nachteile sind für eine Aktiengesellschaft mit einer Beteiligungsfinanzierung verbunden?*

F Kreditfinanzierung

I Praxisfall „Athos AG“

1 Langfristige Kredite

1.1 Vergleichen von Bankdarlehen unterschiedlicher Tilgungsart

Neben der Innen- und der Beteiligungsfinanzierung zieht die Athos AG zur Finanzierung der neuen Maschine auch die Kreditfinanzierung in Betracht. Deshalb sollen die mit einem Darlehen verbundenen Kosten und Mittelabflüsse ermittelt werden.

Die Kreditlaufzeit soll der Nutzungsdauer der Maschine entsprechen (Prinzip der „Fristenkongruenz“), der Darlehenszinssatz der Hausbank beträgt 5 % p. a.

Arbeitsaufträge

1. *Erstellen Sie für den Fall der Kreditfinanzierung der neuen Maschine einen Tilgungsplan für alle drei Darlehensarten. Der Darlehensbetrag soll der Höhe der Anschaffungskosten entsprechen. Nehmen Sie den nachfolgenden Infotext zu Hilfe.*

Tilgungsplan: Festdarlehen				
Jahr	Darlehensbetrag Jahresanfang (EUR)	Zinsen (EUR)	Tilgung (EUR)	Mittelabfluss (EUR)
1				
2				
3				
4				
5				
6				
7				
8				
	Summen:			

Tilgungsplan: Ratendarlehen				
Jahr	Darlehensbetrag Jahresanfang (EUR)	Zinsen (EUR)	Tilgung (EUR)	Mittelabfluss (EUR)
1				
2				
3				
4				
5				
6				
7				
8				
	Summen:			

Tilgungsplan: Annuitätendarlehen				
Jahr	Darlehensbetrag Jahresanfang (EUR)	Zinsen (EUR)	Tilgung (EUR)	Mittelabfluss (EUR)
1				
2				
3				
4				
5				
6				
7				
8				
	Summen:			

2. *Erläutern Sie Ihre Ergebnisse:*

3. *Wie hoch wäre der effektive Jahreszins des Festdarlehens wenn das Kreditinstitut zum Zeitpunkt der Auszahlung eine Bearbeitungsgebühr in Höhe von 1 % in Rechnung stellen würde?*

Infotext: Darlehen

Wesen und Einordnung

Das Darlehen ist ein im Bürgerlichen Gesetzbuch (BGB) geregelter schuldrechtlicher Vertrag. Danach sind Gelddarlehen (§§ 488-498 BGB) und Sachdarlehen (§§ 607-609 BGB) zu unterscheiden. In der Bankenpraxis versteht man unter einem Darlehen einen langfristigen Geldkredit. Beim Gelddarlehen verpflichtet sich gemäß § 488 BGB der Darlehensgeber zur Bereitstellung eines Geldbetrags in vereinbarter Höhe und der Darlehensnehmer zur Zahlung des geschuldeten **Zinses** sowie zur **Tilgung** (Zurückzahlung) des Darlehensbetrags.

Arten

- **Festdarlehen:** Beim Festdarlehen („Fälligkeitsdarlehen", „endfälliges Darlehen") ist die Darlehenssumme erst zum Fälligkeitstermin – also am Ende der Kreditlaufzeit – zu tilgen. Während der Kreditlaufzeit sind lediglich die vereinbarten Zinsen zu bezahlen. Deshalb ist der Mittelabfluss während der Kreditlaufzeit vergleichsweise gering und am Ende extrem hoch. ***Beispiel:*** *Darlehensbetrag: 180.000,00 EUR, Laufzeit: 6 Jahre, Zinssatz: 8 % p. a.:*

Tilgungsplan: Festdarlehen				
Jahr	**Darlehen Jahresanfang (EUR)**	**Zinsen (EUR)**	**Tilgung (EUR)**	**Mittelabfluss (EUR)**
1	180.000,00	14.400,00	0,00	14.400,00
2	180.000,00	14.400,00	0,00	14.400,00
3	180.000,00	14.400,00	0,00	14.400,00
4	180.000,00	14.400,00	0,00	14.400,00
5	180.000,00	14.400,00	0,00	14.400,00
6	180.000,00	14.400,00	180.000,00	194.400,00
	Summen:	**86.400,00**	**180.000,00**	**266.400,00**

Zinsen und Tilgung beim Festdarlehen

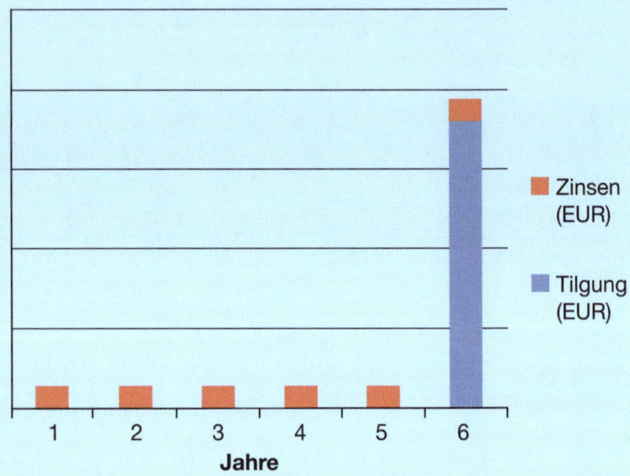

- **Ratendarlehen:** Beim Ratendarlehen („Tilgungsdarlehen", „Abzahlungsdarlehen") wird jährlich ein konstanter Betrag getilgt, sodass die Darlehensschuld kontinuierlich abnimmt. Entsprechend sinken auch die jährlichen Zinszahlungen. Der Mittelabfluss als Summe aus Zinsen und Tilgung nimmt also jährlich ab. ***Beispiel:*** *Darlehensbetrag: 180.000,00 EUR, Laufzeit: 6 Jahre, Zinssatz: 8 % p. a.:*

Zinsen und Tilgung beim Ratendarlehen

Tilgungsplan: Ratendarlehen				
Jahr	**Darlehens Jahresanfang (EUR)**	**Zinsen (EUR)**	**Tilgung (EUR)**	**Mittelabfluss (EUR)**
1	180.000,00	14.400,00	30.000,00	44.400,00
2	150.000,00	12.000,00	30.000,00	42.000,00
3	120.000,00	9.600,00	30.000,00	39.600,00
4	90.000,00	7.200,00	30.000,00	37.200,00
5	60.000,00	4.800,00	30.000,00	34.800,00
6	30.000,00	2.400,00	30.000,00	32.400,00
	Summen:	**50.400,00**	**180.000,00**	**230.400,00**

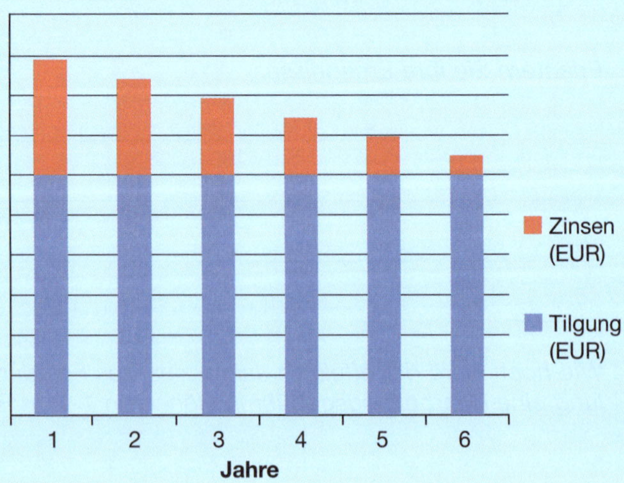

- **Annuitätendarlehen:** Beim Annuitätendarlehen ist der jährliche Mittelabfluss („Annuität") gleichbleibend, innerhalb der Annuität sinkt jedoch der Anteil der Zinsen, entsprechend steigt der Anteil der Tilgung. Die Annuität ist das rechnerische Produkt aus Darlehensbetrag und dem „Kapitalwiedergewinnungsfaktor" (KWGF)[1], welcher wie folgt definiert ist:

$$KWGF = \frac{i\,(1 + i)^n}{(1 + i)^n - 1}$$

i = Zinssatz, n = Kreditlaufzeit

Die Tilgung ergibt sich Jahr für Jahr als rechnerische Differenz aus Annuität und Zinsen. Im letzten Jahr können naturgemäß Rundungsdifferenzen entstehen, die über die letzte Rate ausgeglichen werden. ***Beispiel:*** *Darlehensbetrag: 180.000,00 EUR, Laufzeit: 6 Jahre, Zinssatz: 8 % p. a., KWGF: 0,216315*

Tilgungsplan: Annuitätendarlehen				
Jahr	**Darlehen Jahresanfang (EUR)**	**Zinsen (EUR)**	**Tilgung (EUR)**	**Mittelabfluss (EUR)**
1	180.000,00	14.400,00	24.536,70	38.936,70
2	155.463,30	12.437,06	26.499,64	38.936,70
3	128.963,66	10.317,09	28.619,61	38.936,70
4	100.344,05	8.027,52	30.909,18	38.936,70
5	69.434,87	5.554,79	33.381,91	38.936,70
6	36.052,96	2.884,24	36.052,96	38.937,20
Summen:		**53.620,20**	**180.000,00**	**233.620,70**

Zinsen und Tilgung beim Annuitätendarlehen

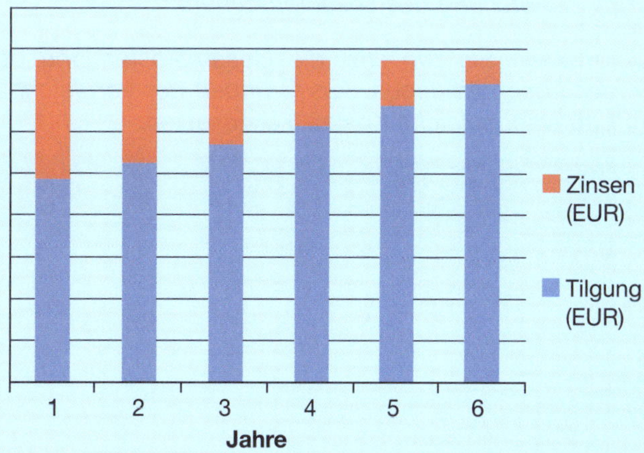

Effektivverzinsung

In den vorangehenden Berechnungen wurden als Kreditkosten nur die reinen Zinsen auf die Darlehenssumme betrachtet („nominaler Zinssatz"). In der Praxis fallen zum Zeitpunkt der Darlehensauszahlung gewöhnlich aber noch zusätzliche Einmalkosten an, wie z. B. eine Abschlussprovision, Bearbeitungsgebühren oder ein „Disagio" (auch „Damnum")[2]. Um auch diese Kosten in einem einzigen Zinssatz zu erfassen, ermittelt man den „effektiven Zinssatz", welcher diese Einmalkosten gleichmäßig auf alle Perioden des Kreditzeitraums verteilt. Mit folgender Formel kann der effektive Jahreszins für das Festdarlehen ermittelt werden, sie wird aber oft auch als Näherungsformel für alle Darlehensarten verwendet:[3]

$$\text{Effektiver Zinssatz} = \frac{(\text{Jahreszinsen} + \text{Einmalkosten} : \text{Kreditzeitraum}) \cdot 100}{\text{Auszahlungsbetrag}}$$

Praxishinweise

In der Praxis spielen das Raten- und das Annuitätendarlehen die Hauptrolle. Die Kreditlaufzeit entspricht dabei gewöhnlich der Nutzungsdauer des Investitionsobjekts (**„Fristenkongruenz"**). Das Festdarlehen wird selten vergeben. Es bietet sich gelegentlich an, wenn der Kreditnehmer zum Ende der Laufzeit eine hohe Einnahme (z. B. eine Lebensversicherung) erwartet.

Die monatliche Belastung („Mittelabfluss") sollte einerseits nicht zu hoch angesetzt werden, damit die Liquidität des Kreditnehmers nicht gefährdet wird. Im Rahmen seiner Möglichkeiten sollte der Kreditnehmer anderseits den Mittelabfluss so hoch wie möglich ansetzen, um die Kreditkosten zu senken.

In der Praxis der Kreditvergabe wird häufig auf öffentliche Darlehen (z. B. KfW-Darlehen als Raten- oder Annuitätendarlehen) zurückgegriffen, da sie vielfach besonders günstig sind. Jeder Kreditnehmer sollte sich bei seiner Bank daher zunächst nach solchen Darlehen erkundigen.

---

1 Der KWGF kann berechnet oder den finanzmathematischen Tabellen im Anhang entnommen werden.

2 Abschlag, der bereits bei Auszahlung von der nominalen Darlehenssumme abgezogen wird.

3 vgl. Olfert, Reichel: Finanzierung (2008), Seite 331

1.2 Vergleichen von Leasing und Kreditkauf

Als weitere Finanzierungsalternative soll das Leasing untersucht und mit dem Kreditkauf verglichen werden. Die Hausbank legt der Athos AG dazu zwei Finanzierungsangebote vor:

- **Kreditkauf:** Ratendarlehen, Laufzeit: 8 Jahre, Zinssatz: 5 % p. a.
- **Leasing:** Grundmietzeit: 5 Jahre, Höhe der monatlichen Leasingrate in der Grundmietzeit (Leasingsatz): 1,75 % der Anschaffungskosten, Anschlussmiete: 12,5 % p. a.

Arbeitsaufträge

Bearbeiten Sie nachfolgende Arbeitsaufträge mithilfe des nachfolgenden Infotextes.

1. *Ordnen Sie das Leasingangebot ein hinsichtlich ...*

   a) ... Verpflichtungscharakter des Vertrags: ______________________

   b) ... Stellung des Leasinggebers: ______________________

   c) ... Stellung des Leasingnehmers: ______________________

2. *Ermitteln Sie zunächst die Gesamtkosten und den Mittelabfluss des Ratenkredits unter Berücksichtigung der Abschreibungen. Aus Gründen der Vergleichbarkeit sind hier die Abschreibungen der Finanzbuchhaltung („aufwandsgleiche Kosten") anzusetzen.*

Gesamtkosten und Mittelabfluss beim Kreditkauf						
Jahr	Darlehensbetrag Jahresanfang (EUR)	Kosten			Tilgung (EUR)	Mittelabfluss (EUR)
		Zinsen (EUR)	Abschreibungen (EUR)	Gesamtkosten (EUR)		
1						
2						
3						
4						
5						
6						
7						
8						
Summen:						

3. *Ermitteln Sie die Kosten und den Mittelabfluss, die mit dem Finanzierungsleasing verbunden sind.*

Gesamtkosten und Mittelabfluss beim Leasing	
Jahr	EUR
1	
2	
3	
4	
5	
6	
7	
8	
Summen:	

4. *Ermitteln Sie die Differenz der Gesamtkosten und des Mittelabflusses beider Finanzierungsarten und erläutern Sie Ihr Ergebnis.*

Vergleich Kreditkauf – Leasing		
Jahr	**Kostendifferenz (EUR)**	**Mittelabflussdifferenz (EUR)**
1		
2		
3		
4		
5		
6		
7		
8		
Summen:		

Erläuterung:

5. *Der Vorstand der Athos AG bittet Sie, die Vor- und Nachteile einer Leasingfinanzierung gegenüber dem Kreditkauf übersichtlich aufzulisten. Nehmen Sie dazu den nachfolgenden Infotext zu Hilfe.*

Vorteile des Leasings	Nachteile des Leasings

Infotext: Leasing

Wesen und Einordnung

Leasing (engl. to lease = mieten, vermieten) ist die entgeltliche Überlassung eines Wirtschaftsgutes („Leasingobjekt") durch einen Leasinggeber an einen Leasingnehmer auf Zeit und ist der Fremdfinanzierung zuzuordnen, denn der Leasingnehmer kann das Leasingobjekt nutzen, ohne es zu kaufen. Juristisch betrachtet stellen Leasingverträge eine eigene Vertragskategorie dar, die in unterschiedlichem Maße Elemente eines Miet-, Pacht-, Darlehens- oder auch eines Ratenkaufs aufweisen und vielfältig ausgestaltet werden können.[1] Neben der reinen Überlassung des Leasingobjekts können auch bedeutende Dienstleistungen des Leasinggebers (z. B. Installation, Wartung, Beratung, Übernahme von Verwaltungstätigkeiten usw.) Bestandteil des Leasingvertrags sein.

Arten

- **nach Verpflichtungscharakter des Vertrags**
  - **Finance-Leasing (Finanzierungsleasing):** Die langfristige Finanzierung des Leasingobjekts steht im Vordergrund. Leasinggeber und Leasingnehmer vereinbaren eine **verbindliche Grundmietzeit,** in der eine Kündigung für beide Vertragspartner nicht möglich ist. Diese Grundmietzeit ist kürzer als die betriebsgewöhnliche Nutzungsdauer des Leasingobjekts, üblich sind zwischen 50 und 75 % der betriebsgewöhnlichen Nutzungsdauer.[2] Das Investitionsrisiko liegt damit beim Leasingnehmer. Man unterscheidet zwei Arten von Finance-Leasingverträgen:

    Vollamortisationsleasing: Die Leasingraten in der Grundmietzeit decken sämtliche Selbstkosten (einschließlich Finanzierungs- und Verwaltungskosten) des Leasinggebers sowie dessen Gewinn ab. Dem Leasingnehmer kann darüber hinaus eine Kauf- oder Mietverlängerungsoption eingeräumt werden.

    Beispiel: Ein Kugellagerhersteller least ein CNC-Fräszentrum für eine Grundmietzeit von 5 Jahren mit einer monatlichen Leasingrate in Höhe von 3.000,00 EUR und der Option einer monatlichen Anschlussmiete in Höhe von 1.500,00 EUR für weitere drei Jahre.

    Teilamortisationsleasing: Die Leasingraten in der Grundmietzeit decken die Selbstkosten des Leasinggebers sowie seinen Gewinn nur zum Teil ab. Die vollständige Amortisation kann auf unterschiedliche Weise vertraglich geregelt werden, etwa durch die vertragliche Mietverlängerung oder die Verpflichtung des Leasingnehmers, das Leasingobjekt nach der Grundmietzeit zu kaufen („Andienungsrecht des Leasinggebers").

    Beispiel: Ein Kugellagerhersteller least ein CNC-Fräszentrum für eine Grundmietzeit von 5 Jahren mit einer monatlichen Leasingrate in Höhe von 2.000,00 EUR und einer anschließenden Kaufverpflichtung der Anlage in Höhe von 57.000,00 EUR.
  - **Operate-Leasing (Gebrauchsleasing):** Anders als beim Finance-Leasing steht hier die vorübergehende Miete des Leasingobjekts im Vordergrund. Es besteht **keine Grundmietzeit,** der Vertrag ist also von beiden Vertragsparteien jederzeit kündbar. Der Leasinggeber übernimmt das Investitionsrisiko und vermietet das Leasingobjekt immer wieder für begrenzte Zeiträume an unterschiedliche Leasingnehmer.

    Beispiel: Ein Landwirt least einen Mähdrescher für den Zeitraum der Ernte bei einem Landmaschinenanbieter.

- **nach Stellung des Leasinggebers**
  - **direktes Leasing:** Leasinggeber ist der Hersteller des Leasingobjekts.
  - **indirektes Leasing:** Leasinggeber ist eine Leasinggesellschaft (vielfach Banken).

- **nach Stellung des Leasingnehmers**
  - **Investitionsgüterleasing:** Leasingnehmer ist ein gewerbliches Unternehmen.
  - **Konsumgüterleasing:** Leasingnehmer sind Endverbraucher.

Kosten und Mittelabfluss[3]

Der Leasingnehmer zahlt dem Leasinggeber in aller Regel monatlich eine gleichbleibende Leasingrate, deren Höhe abhängig ist vom Anschaffungswert, dem Umfang möglicher Serviceleistungen, der Leasingdauer und der Bonität des Leasingnehmers. Sie enthält alle Kosten des Leasinggebers, einen Gewinnzuschlag und eine Risikoprämie. Die monatliche Leasingrate eines Finance-Leasing-Vertrags ohne Serviceleistungen liegt bei Leasingobjekten bis 100.000,00 EUR zwischen 2 und 5 % („Leasingsatz") der Anschaffungskosten, die Summe der

---

1 vgl. Jahrmann: Finanzierung (2009), Seite 165; vgl. Perridon u. a.: Finanzwirtschaft der Unternehmung, (2009), Seite 455

2 vgl. Olfert, Reichel: Finanzierung (2008), Seite 358

3 vgl. Perridon u. a.: Finanzwirtschaft der Unternehmung (2009), S. 462 f., vgl. Jahrmann: Finanzierung (2009), S. 172; vgl. Däumler, Grabe: Betriebliche Finanzwirtschaft (2008), S. 283 f.

Leasingraten beläuft sich auf rund 120 bis 150 % des Anschaffungswertes. Darüber hinaus ist vielfach eine einmalige Abschlussgebühr von rund 5 % zu entrichten. Von Einzelfällen abgesehen, übersteigen die gesamten Leasingkosten die Gesamtkosten des Kreditkaufs selbst dann, wenn steuerliche Aspekte in den Kostenvergleich einbezogen werden.

Steuerliche Absetzbarkeit und Leasingerlass

Der Leasinggeber bleibt Eigentümer des Leasingobjekts und erfasst dieses als Anlagevermögen in seiner Bilanz, der Leasingnehmer wird lediglich Besitzer, aber er kann die Leasingraten steuerlich absetzen, denn sie mindern als Aufwendungen den Gewinn. Die Absetzbarkeit der oftmals hohen Leasingraten macht Leasing für viele Unternehmen zur attraktiven Alternative zum Kreditkauf.

Diese Steuervorteile führten in den Anfängen des Leasings in Deutschland zu ausufernden Abschreibungspraktiken, sodass das Bundesministerium für Finanzen mit mehreren Leasingerlassen[1] strenge Spielregeln für Finance-Leasing-Verträge festlegte. Danach muss – unter anderem – die Grundmietzeit mobiler Objekte mindestens 40 % und darf höchstens 90 % der Nutzungsdauer des Leasingobjekts betragen, damit der Leasinggeber das Leasingobjekt in seiner Bilanz aktivieren kann. In allen anderen Fällen muss der Leasingnehmer das Leasingobjekt bilanzieren und kann dann die hohen Leasingraten nicht mehr steuerlich absetzen, sondern nur noch die geringeren Abschreibungen. Auslöser dieser Erlasse war die missbräuchliche Abschreibungspraxis einer zunehmenden Zahl von Unternehmen, die ihre Leasingverträge so ausgestaltet hatten, dass *...*

- ... völlig überhöhte Leasingraten (z. B. Abdeckung aller Kosten durch eine einzige Leasingrate trotz langjähriger Nutzungsdauer) vereinbart wurden. Die Finanzverwaltung betrachtet deshalb eine Grundmietzeit von weniger als 40 % der betriebsgewöhnlichen Nutzungsdauer als verdeckten Abzahlungskauf.
- ... das Leasingobjekt über die gesamte Nutzungsdauer beim Leasingnehmer verblieb, welcher höhere Leasingaufwendungen absetzen konnte als ein Käufer Abschreibungsaufwendungen. Mit einer Nutzungsdauer von über 90 % ist der Leasingnehmer aus Sicht der Finanzverwaltung deshalb einem Käufer gleichzustellen.[2]

Praxisbedeutung

In den letzten Jahrzehnten nahm die Bedeutung des Leasings in Deutschland rasant zu. Im Jahre 2009 betrug der Leasinganteil an den außenfinanzierten Investitionen in Deutschland bereits 48,8 %.[3]

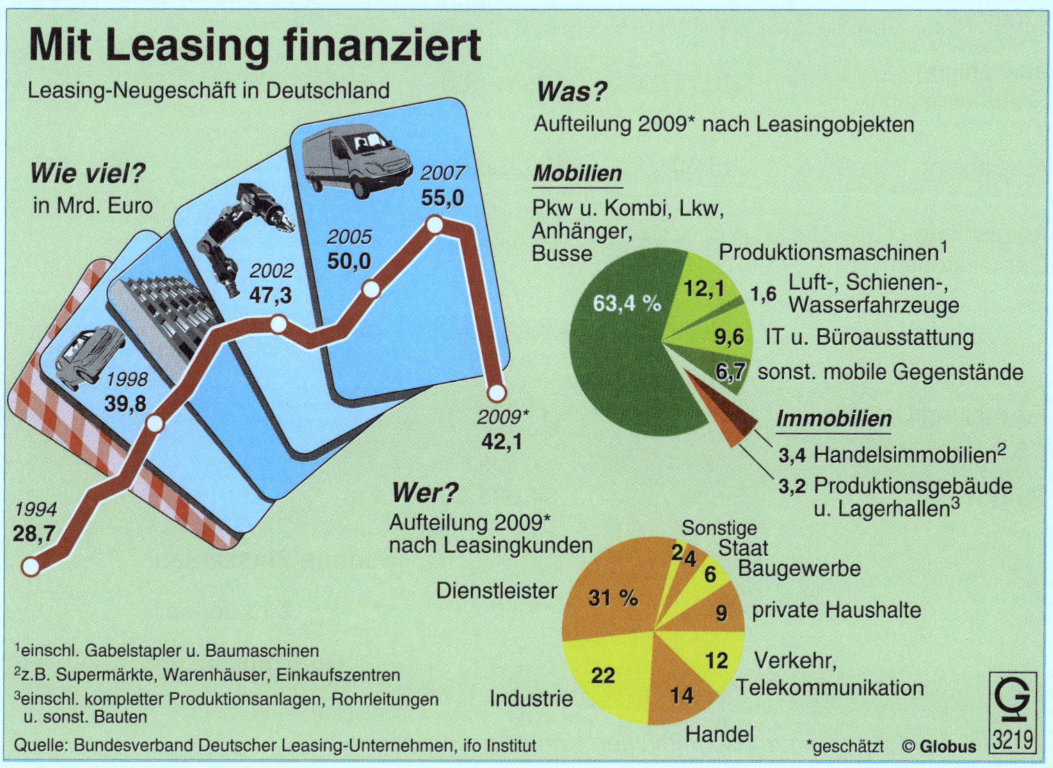

[1] Vollamortisationserlass für Mobilien vom 19. April 1971, Teilamortisationserlass für Mobilien vom 22. Dezember 1975

[2] vgl. Jahrmann: Finanzierung (2009), Seite 169 f.

[3] vgl. Bundesverband deutscher Leasingunternehmen (2011): Jahres- und Strukturdaten

2 Kurzfristige Kredite

2.1 Berechnen der Kosten eines Kontokorrentkredits

Um den Umlaufkapitalbedarf (Kosten für Fertigungsmaterial, Löhne, auszahlungswirksame Gemeinkosten) zu finanzieren, wird die Inanspruchnahme eines Kontokorrentkredits der Hausbank der Athos AG in Betracht gezogen. Die Kontokorrentzinsen der Hausbank belaufen sich derzeit auf 10 % p. a., bei Überschreiten der Kreditlinie in Höhe von 250.000,00 EUR wird zusätzlich eine Überziehungsprovision in Höhe von 2 % in Rechnung gestellt.

Arbeitsaufträge

1. *Ermitteln Sie mithilfe des nachfolgenden Infotextes die Kontokorrentzinsen für das erste Quartal ...*

a) … mithilfe der Zinsformel in der Spalte „Kontokorrentzinsen".
b) … mithilfe von Zinszahl und Zinsdivisor (Probe).

Kontokorrentzinsen (Durchschnittsquartal)						
Datum	Position	zu/ab (EUR)	Kontostand (EUR)	Tage	Kontokorrent-zinsen (EUR)	Probe: Berechnung mit Zinszahl und Zinsdivisor
01/Jan	Anfangsbestand		500,00	9		
10/Jan	Auszahlung Gemeinkosten	-20.727,00	-20.227,00	5		
15/Jan	Auszahlung Löhne	-15.607,00	-35.834,00	17		
01/Feb	Auszahlung Material (Quartal)	-108.630,00	-144.464,00	9		
10/Feb	Auszahlung Gemeinkosten	-20.727,00	-165.191,00	5		
15/Feb	Auszahlung Löhne	-15.607,00	-180.798,00	23		
10/Mar	Auszahlung Gemeinkosten	-20.727,00	-201.525,00	5		
15/Mar	Auszahlung Löhne	-15.607,00	-217.132,00	14		
29/Mar	Einzahlung Umsatz	252.125,00	34.993,00	1		
30/Mar	**Saldo**		**34.993,00**	**88**		
					Summe Zinszahlen:	
					Zinsdivisor:	
					Quartalszinsen:	

2. *Berechnen Sie die Höhe der durchschnittlichen Kontokorrentzinsen …*

a) … pro Jahr (auf volle EUR aufrunden): ____________________

b) … für die gesamte Nutzungsdauer (auf volle EUR aufrunden): Gehen Sie davon aus, dass das Kontokorrentkreditvolumen über die gesamte Nutzungsdauer durchschnittlich halb so hoch ist, wie das des ersten Jahres. ____________________

Infotext: Kontokorrentkredit

Wesen

Der Kontokorrentkredit (§§ 355-357 HGB) ist ein kurzfristig eingeräumter Kredit, den der Kreditnehmer laufend in erforderlicher Höhe bis zu einer zuvor vereinbarten „Kreditlinie“ in Anspruch nehmen kann. Die offizielle Kreditdauer ist i. d. R. kürzer als ein Jahr, sie wird jedoch bei guter Geschäftsbeziehung zwischen Kreditgeber und Kreditnehmer kontinuierlich verlängert („prolongiert“).

Voraussetzung für den Kontokorrentkredit ist ein laufendes Konto („Kontokorrent“), auf dem sich der Kontostand durch laufende Einzahlungen von Kunden (Debitoren) und laufende Auszahlungen an Lieferanten (Kreditoren) ständig ändert. Ebenso wie Firmenkunden werden auch Privatkunden Kontokorrentkredite als „Dispositionskredite“ auf ihrem Girokonto angeboten.

Zinsen sind dabei nur für den tatsächlich in Anspruch genommenen Kredit zu entrichten. Überschreitet der Kreditnehmer die vereinbarte Kreditlinie, so bezeichnet man den über die Kreditlinie hinausgehenden Kreditanteil als „Überziehungskredit“. In diesem Fall fällt eine zusätzliche Überziehungsprovision an.

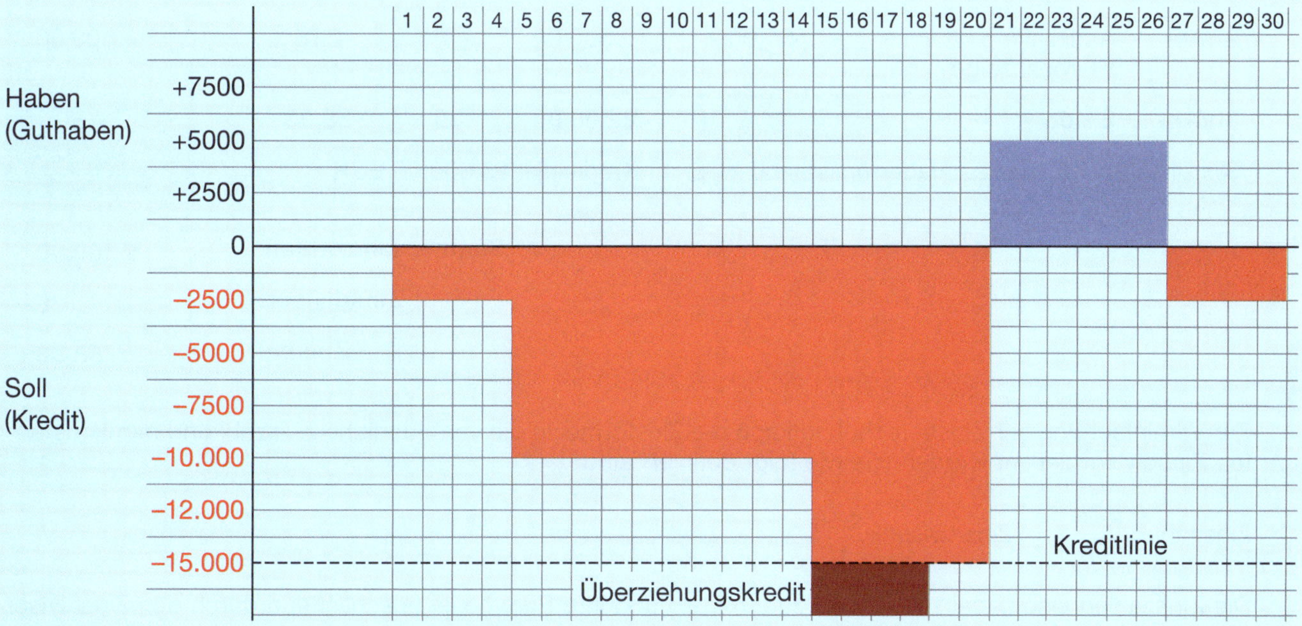

Kosten

Die Kosten des Kontokorrentkredits werden regelmäßig (gewöhnlich einmal je Quartal) erhoben und setzen sich folgendermaßen zusammen:

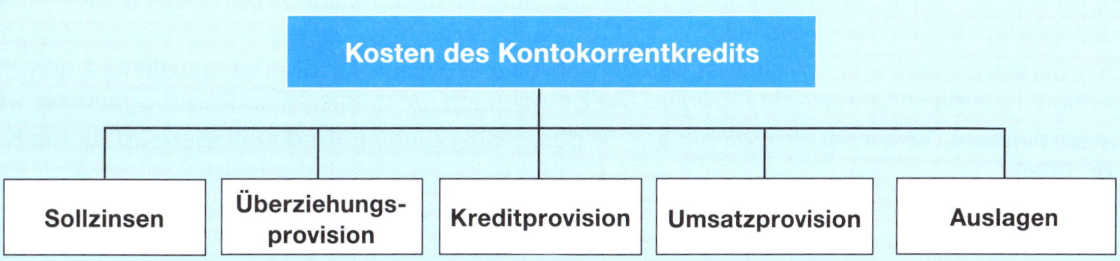

- **Sollzinsen:** Die Sollzinsen werden nur für den tatsächlich in Anspruch genommenen Kredit in Rechnung gestellt und tagesgenau berechnet. Die Höhe des Sollzinssatzes ist abhängig vom Leitzinssatz der EZB und der Bonität des Kunden, grundsätzlich liegt er deutlich über dem jeweiligen Darlehenszinssatz (etwa 9 bis 11 % p. a.). Ein Habenzinssatz für Guthaben wird vielfach nicht angerechnet oder fällt sehr gering aus (etwa 0,5 % p. a.). Die klassische Zinsformel zur Berechnung tagesgenauer Zinsen lautet:

$$\text{Zinsen} = \frac{K \cdot p \cdot t}{100 \cdot 360}$$

K = Kapital (Kreditvolumen), p = Zinsfuß, t = Tage

Die Berechnung der Kontokorrentzinsen soll am Beispiel eines Kontoauszugs veranschaulicht werden. Um das Prinzip zu verdeutlichen, ist für jeden Kontostand die Anzahl der Tage ausgewiesen:

Beispiel:

Kontoauszug Musterbank						Berechnung mit Zinszahl und Zinsdivisor
Datum	**Position**	**zu/ab (EUR)**	**Kontostand (EUR)**	**Tage**	**Kontokorrentzinsen (EUR)**	
01/Apr	Anfangsbestand		-2.500,00	4	2,78	100,00
05/Apr	Auszahlung ER für Rohstoffeinkauf	-7.500,00	-10.000,00	10	27,78	1.000,00
15/Apr	Auszahlung Miete	-5.000,00	-15.000,00	6	25,00	900,00
21/Apr	Umsatzerlöse	20.000,00	5.000,00	6	0,00	0,00
27/Apr	Auszahlung Werbeanzeige	-7.500,00	-2.500,00	4	2,78	100,00
30/Apr	**Saldo**		**-2.500,00**	**30**	**58,33**	
Sollzinssatz: 10 % p. a., Habenzinssatz: 0 % p. a., Kreditlinie: 25.000,00 EUR						
					Summe Zinszahlen:	**2.100,00**
					Zinsdivisor:	**36**
					Zinsen:	**58,33**

Zur Vereinfachung der Zinsberechnung kann die Zinsformel in die veränderliche Zinszahl und den konstanten Zinsdivisor zerlegt werden, die wie folgt definiert sind:

$$\text{Zinszahl} = \frac{K \cdot t}{100} \qquad \text{Zinsdivisor} = \frac{360}{p}$$

Die Zinszahlen sind dabei zeilenweise zu ermitteln und ihre Summe ist anschließend durch den Zinsdivisor (Zinsteiler) zu teilen.

- **Überziehungsprovision:** Sofern der Kunde das Kreditlimit (Kreditlinie) überschreitet oder den Kredit über die vereinbarte Laufzeit hinaus in Anspruch nimmt, wird ihm zusätzlich zu den Sollzinsen eine Überziehungsprovision (oft auch als Überziehungszinsen bezeichnet) in Höhe von etwa 1,5 bis 3 % p. a. des überzogenen Betrags in Rechnung gestellt.
- **Kreditprovision:** Die Kreditprovision ist gewöhnlich eine Provision für die Bereitstellung – und damit die jederzeitige Inanspruchnahme – des Kredits. Die Berechnung kann unterschiedlich ausgestaltet werden.
- **Umsatzprovision:** Die Umsatzprovision (ca. 1 % des beanspruchten Kreditbetrags) wird für die Kontoführung erhoben.
- **Auslagen:** Schließlich können Auslagen für Porto und fremde Gebühren sowie Spesen anfallen.

Praxisbedeutung

Der Kontokorrentkredit ist ein wichtiger Betriebsmittelkredit zur Überbrückung von Liquiditätsengpässen, welche im gewöhnlichen Geschäftsbetrieb zwischen laufenden Auszahlungen (z. B. für Materialeinkäufe, Löhne, Gehälter usw.) und laufenden Einzahlungen (vor allem Umsatzerlöse) entstehen können. Der Kontokorrentkredit wird i. d. R. zwischen 6 und 12 Monaten vereinbart.

Über das Kontokorrentkonto haben die Kreditinstitute einen guten Einblick in die Finanzlage ihrer Kunden. Betriebe, die ihr Kontokorrentkonto ständig bis zum Limit beanspruchen, werden häufig nur als bedingt kreditwürdig eingestuft.

2.2 Vergleichen von Kontokorrentkredit und Lieferantenkredit

Nun sollen auch die Kosten des Kontokorrentkredits mit den Kosten des Lieferantenkredits für die erste Rohstofflieferung ermittelt und verglichen werden. Der Athos AG liegt dazu folgendes Angebot ihres Rohstofflieferanten vor:

Braun & Sanddorn GmbH

Schwabenring 75
74072 Heilbronn

Braun & Sanddorn GmbH / Schwabenring 75 / 74072 Heilbronn

Athos AG
Alter Heerweg 12
70374 Stuttgart

Kunden-Nr.	Angebots-Nr.	Angebotsdatum
16447-A	26 574	04. März 20..
Bei Zahlung bitte angeben.		

Sehr geehrte Damen und Herren,
vielen Dank für Ihre Anfrage. Hiermit bieten wir Ihnen verbindlich an:

Artikel-Nr.	Artikelbezeichnung	Preis (pro kg)	Menge (kg)	Rabatt-satz (%)	Betrag (EUR)
A-157-744	Kunststoffgranulat 44 T 6	11,00	4.875	20,00 %	42.900,00
F-169-282	Additiv Losol 2100	25,00	3.432	25,00 %	64.350,00

Nettowarenwert	MwSt.-Satz (%)	MwSt.-Betrag (EUR)	Bruttobetrag (EUR)
107.250,00	19 %	20.377,50	**127.627,50**

Zahlungsbedingungen: Wir gewähren Ihnen 30 Tage Zahlungsziel und 3 % Skonto bei Zahlung innerhalb von 14 Tagen.

Wir freuen uns auf Ihren Auftrag.

Mit freundlichen Grüßen

Braun & Sanddorn GmbH

i. A. *Matthias Hoyer*

Matthias Hoyer

Geschäftsführer: Hartmut Braun
Sitz der Gesellschaft: Heilbronn

Handelsregister
Amtsgericht Heilbronn
HRB 2412

Bankverbindung
Stadtsparkasse Heilbronn
BLZ 370 501 98
Konto 76849870

Kontakt
Tel: 07131 579-0
Fax: 07131 579-12
Mail: info@b&s.de
Web: www.b&s.de

Arbeitsaufträge

Bearbeiten Sie nachfolgende Arbeitsaufträge mithilfe des Infotextes.

1. *Ermitteln Sie die Kosten des Lieferantenkredits der Braun & Sanddorn GmbH in EUR.*

2. *Überschlagen Sie den Zinssatz dieses Lieferantenkredits mithilfe der Näherungsformel.*

3. *Ermitteln Sie den effektiven Zinssatz dieses Lieferantenkredits.*

4. *Ermitteln Sie den Finanzierungsgewinn für die Athos AG in EUR, wenn der Kontokorrentzins der Hausbank 10 % p. a. beträgt.*

5. *Welche Vorteile hat der Lieferantenkredit für den Kreditnehmer und den Kreditgeber?*

Vorteile des Lieferantenkredits für den Kreditnehmer	Vorteile des Lieferantenkredits für den Kreditgeber

Infotext: Der Lieferantenkredit

Wesen

Der Lieferantenkredit entsteht dadurch, dass der Verkäufer von Waren oder Dienstleistungen dem Käufer ein Zahlungsziel einräumt und damit einen Zahlungsaufschub anbietet. Dieser Kredit erfolgt also in Form eines Zahlungsaufschubs und nicht durch die Bereitstellung von Geldmitteln. Zahlt der Kunde erst nach Ablauf der Skontofrist, nimmt er automatisch den Lieferantenkredit in Anspruch, dessen Kosten der Lieferant in Form des Skontobetrags in den Rechnungsbetrag einkalkuliert hat.

Beispiel: *„Zahlung innerhalb von 10 Tagen mit 2 % Skonto oder innerhalb von 30 Tagen netto Kasse."*

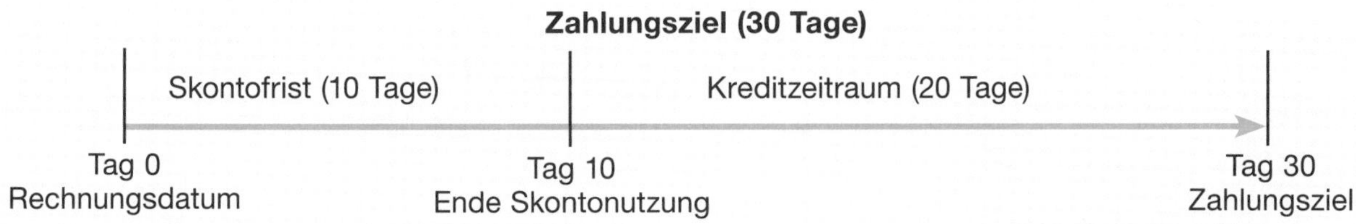

Kosten

Die Kosten des Lieferantenkredits entsprechen der Höhe des Skontobetrags (= Kreditzinsen). Der Lieferantenkredit ist ein sehr teurer Kredit, wie im Folgenden gezeigt werden soll. Mit einer Näherungsformel kann der Zinssatz des Lieferantenkredits einfach überschlagen werden:

$$\text{Zinssatz in \% p. a.} = \frac{\text{Skontosatz} \cdot 360}{\text{Kreditzeitraum in Tagen}}$$

Beispiel: *Zahlung innerhalb von 10 Tagen mit 2 % Skonto oder innerhalb von 30 Tagen netto Kasse.*[1] *Überschlägiger Jahreszinssatz = (2 · 360) : 20 = 36 %*

Der Jahreszinssatz des Lieferantenkredits kann folgendermaßen exakt berechnet werden:

$$\text{Zinssatz in \% p. a.} = \frac{(\text{Skontosatz} \cdot 100 \cdot 360) : (100 - \text{Skontosatz})}{\text{Kreditzeitraum in Tagen}}$$

Beispiel: *Zahlung innerhalb von 10 Tagen mit 2 % Skonto oder innerhalb von 30 Tagen netto Kasse. Exakter Jahreszinssatz: (2 · 100 · 360 : 98) : 20 = 36,73 %*

Finanzierungsgewinn

Sofern eine Warenlieferung fremdfinanziert werden soll, stellt der Käufer als Kreditnehmer die Kosten des Lieferantenkredits (= Skontobetrag) den Kosten eines Kontokorrentkredits der Bank in Höhe des ermäßigten Rechnungsbetrags gegenüber. Die eingesparte Differenz ist sein Finanzierungsgewinn:

$$\text{Finanzierungsgewinn} = \text{Skontobetrag} - \text{Zinsen des Bankkredits}$$

Beispiel: *Rechnungsbetrag: 10.000,00 EUR, Kontokorrentzinssatz: 12 %, Skontobedingungen wie im Beispiel oben: Skontobetrag = 200,00 EUR, Kontokorrentzinsen = 9.800 · 12 · 20 : (100 · 360) = 65,33 EUR, Finanzierungsgewinn bei Kreditaufnahme = 200,00 – 65,33 = 134,67 EUR*

Praxisbedeutung

Der Lieferantenkredit ist trotz seiner hohen Kosten sehr verbreitet. Im Jahre 2005 wurden in Deutschland im Jahresdurchschnitt Forderungen in Höhe 119 Mrd. Euro mit Lieferantenkrediten finanziert. Der Bestand an Lieferantenkrediten betrug durchschnittlich ein Volumen von rund 65 Mrd. Euro.[2] Vielfach wird der Lieferantenkredit aber auch unfreiwillig gewählt, weil die Hausbank keinen weiteren Kredit mehr einräumt.

---

1 „Netto" oder „netto Kasse" bedeutet hier: „voller Rechnungsbetrag ohne Skontoabzug".

2 vgl. Deutsche Bundesbank: Monatsbericht März 2006 (2006), Seite 34

3 Präsentieren geeigneter Kreditsicherheiten

Die Athos AG als erfolgreiche Aktiengesellschaft wird von ihrer Hausbank als kreditfähig und kreditwürdig eingestuft. Ungeachtet dessen muss die Hausbank als Kreditgeber jederzeit Sicherheiten verlangen, bevor sie Kredite auszahlt. Da die bevorstehende Investition möglicherweise kreditfinanziert wird, sollen im Rahmen einer Besprechung die wichtigsten Kreditsicherheiten vorgestellt werden.

Arbeitsauftrag

Erstellen Sie eine anschauliche und leicht verständliche Beamerpräsentation zu den Kreditsicherheiten aus dem nachfolgenden Infotext. Auf einer Folie sollen die Kreditsicherheiten in nachfolgende Matrix eingeordnet werden:

Übersicht: Kreditsicherheiten		
	Personalsicherheiten	Realsicherheiten
akzessorisch		
fiduziarisch		

Bearbeitungshinweise:

- *Informieren Sie sich zunächst im nachfolgenden Infotext über die einzelnen Kreditsicherheiten.*
- *Erstellen Sie auf Grundlage Ihrer Erkenntnisse Skizzen der geplanten Folien in ihrem Heft.*
  - *Verwenden Sie nur Stichworte, vermeiden Sie ganze Sätze.*
  - *Strukturieren Sie Ihre Inhalte.*
  - *Arbeiten Sie so bildhaft wie möglich.*
  - *Erstellen Sie auch eine Titelfolie, eine anschließende Inhaltsübersicht und eine abschließende Folie, die zu Fragen ermutigt.*
- *Übertragen Sie dann erst die Skizzen in Ihre Präsentationssoftware.*

Infotext: Kreditfähigkeit, Kreditwürdigkeit und Kreditsicherheiten

Kreditfähigkeit und Kreditwürdigkeit

Der Kreditgeber geht mit der Kreditvergabe stets das Risiko ein, sein Geld nicht zurückzuerhalten. Deshalb überprüft er vorab die Kreditfähigkeit und die Kreditwürdigkeit des Antragstellers:

- **Kreditfähigkeit:** Der Kreditgeber prüft, ob der Antragsteller rechts- und geschäftsfähig ist und ob der Antragsteller eines Firmenkredits befugt ist, das Unternehmen zu vertreten.
- **Kreditwürdigkeit:** Der Kreditgeber prüft darüber hinaus die Zahlungs- und Geschäftsmoral sowie die wirtschaftlichen Verhältnisse (Vermögens- und Kapitalstruktur in der Bilanz, Aufwands- und Ertragsstruktur in der Gewinn- und Verlustrechnung, Liquidität, Erfolgsaussichten). Dabei gewinnen die Zukunftsdaten (Planbilanz und Plan-Gewinn- und Verlustrechnung) an Bedeutung. Auch Engagement und Qualifikation des Antragstellers (insbesondere bei Einzelunternehmen und Personengesellschaften) sind von Bedeutung.

Arten von Kreditsicherheiten

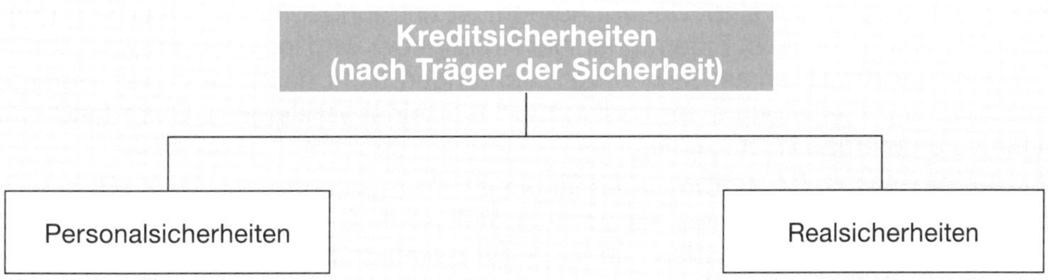

Bei **Personalsicherheiten** haftet neben dem Kreditnehmer eine dritte Person, bei **Realsicherheiten** haften bewegliche oder unbewegliche Sachen oder Rechte.

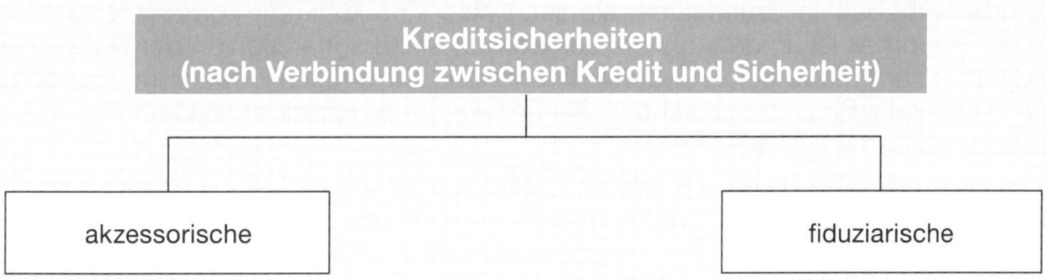

Akzessorisch sind Kreditsicherheiten, die an einen bestimmten Kredit (= Forderung des Kreditgebers) gebunden sind. Nimmt die Kredithöhe ab, so hat der Kreditgeber nur noch Anspruch auf die Sicherheit in Höhe des Restkredits. Hat der Kreditnehmer den Kredit ganz zurückgezahlt, ist die Sicherheit erloschen. **Fiduziarische** Sicherheiten sind losgelöst von der Kreditforderung. Sie bleiben unabhängig von der Inanspruchnahme eines Kredits in voller Höhe bestehen – selbst dann, wenn der Kredit schon zurückgezahlt ist – und können so auf wechselnde Kredite übertragen werden.

Die einzelnen Kreditsicherheiten

Die Kreditsicherheiten sind überwiegend im Bürgerlichen Gesetzbuch (BGB) geregelt. Im Folgenden sind die wichtigsten Kreditsicherheiten aufgeführt:

- **Bürgschaft (§§ 765 ff. BGB):** Der Bürge verpflichtet sich durch einen schriftlichen Bürgschaftsvertrag gegenüber dem Gläubiger eines Dritten (Kreditnehmer), für die Erfüllung einer bestimmten Verbindlichkeit des Dritten einzustehen. Bürgen können natürliche und juristische Personen sein, gewöhnlich bürgen jedoch Privatpersonen.

  Beispiel: Eine GmbH nimmt bei einer Bank ein Darlehen auf, der Geschäftsführer bürgt persönlich für die Rückzahlung des Darlehens.

  - **Ausfallbürgschaft:** Der Bürge haftet erst dann, wenn der Gläubiger erfolglos mit allen außergerichtlichen und gerichtlichen Mitteln gegen den Hauptschuldner vorgegangen ist. Der Bürge nimmt dazu sein Recht auf „Einrede der Vorausklage“ wahr.
  - **Selbstschuldnerische Bürgschaft:** Der Bürge haftet unmittelbar. Der Gläubiger kann die Zahlung unmittelbar vom Bürgen verlangen, auch dann, wenn der Hauptschuldner zahlungsfähig ist. Der Bürge verzichtet dazu auf die Einrede der Vorausklage. Banken verlangen gewöhnlich die selbstschuldnerische Bürgschaft.

- **Eigentumsvorbehalt (§ 449 BGB):** Beim Verkauf einer Sache kann sich der Verkäufer durch die Vereinbarung eines Eigentumsvorbehalts absichern:
  - **Einfacher Eigentumsvorbehalt:** Verkäufer und Käufer vereinbaren, dass der Verkäufer Eigentümer einer Sache bleibt, bis der Kaufpreis dieser Sache vollständig bezahlt ist. Bis dahin wird der Käufer nur Besitzer. Typische Klausel: „Die Ware bleibt bis zur vollständigen Bezahlung Eigentum des Verkäufers." Der Eigentumsvorbehalt erlischt jedoch bei Weiterverkauf oder Weiterverarbeitung.
  - **Verlängerter Eigentumsvorbehalt:** Dieser soll verhindern, dass der Eigentumsvorbehalt bei Weiterverkauf oder Weiterverarbeitung erlischt: Bei Weiterverkauf lässt sich der Verkäufer die neue Forderung abtreten, bei Weiterverarbeitung wird der Eigentumsvorbehalt an der Sache im neuen Erzeugnis fortgesetzt (z. B. verlängerter Eigentumsvorbehalt an Rohren, die in einem Neubau verlegt und verputzt werden).
  - **Erweiterter Eigentumsvorbehalt:** Verkäufer und Käufer vereinbaren, dass der Verkäufer Eigentümer einer Sache bleibt, bis sämtliche Kaufpreisforderungen des Verkäufers gegenüber dem Käufer erfüllt sind, bis dahin wird der Käufer nur Besitzer.
- **Pfandrecht (§§ 1204 ff. und 1273 ff. BGB):** Zur Sicherung eines bestimmten Kredits übergibt der Kreditnehmer dem Kreditgeber bewegliche Sachen (z. B. Edelmetalle) oder Rechte (z. B. Wertpapiere), die für den Kreditnehmer entbehrlich sind. Das Pfandrecht ist untrennbar mit der zu sichernden Forderung verbunden. Der Kreditnehmer bleibt Eigentümer, der Kreditgeber wird lediglich Besitzer des Pfandes („Faustpfand"). Kommt der Kreditnehmer seinen Verpflichtungen nicht nach, kann der Kreditgeber das Pfand nach Androhung und Einhaltung einer bestimmten Wartefrist versteigern. Das Pfandrecht spielt bei Firmenkrediten eine untergeordnete Rolle.
- **Grundschuld (§§ 1191 ff. BGB):** Die Grundschuld ist die Absicherung eines Kredits durch ein bebautes oder unbebautes Grundstück. Anders als die Hypothek ist die Grundschuld jedoch nicht an das Bestehen und die Höhe eines Kredits gebunden, sie kann auf beliebige Kredite übertragen werden (fiduziarisch). Die Grundschuld gehört zur Familie der Grundpfandrechte und wird gegen Gebühr im Grundbuch eingetragen, sie ist damit für Dritte einsehbar.
- **Hypothek (§§ 1113 ff. BGB):** Die Hypothek ist die Absicherung eines bestimmten Kredits durch ein bebautes oder unbebautes Grundstück, sie setzt also eine konkrete Forderung voraus (akzessorisch). Die Höhe der Hypothek ist, anders als bei der Grundschuld, abhängig von der Höhe dieses Kredits. Die Hypothek gehört zur Familie der Grundpfandrechte und wird gegen Gebühr im Grundbuch eingetragen, sie ist damit ebenfalls für Dritte einsehbar. Sie hat jedoch erheblich an Bedeutung verloren, da fast alle Kreditgeber die Grundschuld bevorzugen.
- **Zession (Sicherungsabtretung, §§ 398 ff. BGB):** Der Kreditnehmer („Zedent") tritt als Sicherheit für gegenwärtige und ggf. zukünftige Kredite seine eigenen Forderungen (offene Ausgangsrechnungen) an den Kreditgeber („Zessionar") ab. Bei der „stillen Zession" erfährt der Kunde des Kreditnehmers nichts von dieser Zession, bei der „offenen Zession" wird er darüber informiert. Abhängig vom Umfang sind zu unterscheiden:
  - **Mantelzession:** Der Kreditnehmer verpflichtet sich, laufend eigene Forderungen einer bestimmten Mindesthöhe an den Kreditgeber abzutreten, die Abtretung wird durch Einreichung entsprechender Belege (z. B. Rechnungskopien) wirksam. Werden diese Forderungen bezahlt, muss der Kreditnehmer entsprechend neue nachreichen.
  - **Globalzession:** Anders als bei der Mantelzession müssen bei der Globalzession die konkreten Forderungen nicht benannt werden. Der Kreditnehmer tritt pauschal alle Forderungen einer bestimmten Kundengruppe an den Kreditgeber ab (praxisüblich).
- **Sicherungsübereignung:** Zur Sicherung einer kreditfinanzierten beweglichen Sache (z. B. einer Maschine, eines Lkw oder eines Rohstoffvorrats) wird bzw. bleibt der Kreditgeber Eigentümer und „mittelbarer Besitzer" der Sache (Besitzkonstitut, § 930 BGB). Der Kreditnehmer wird „unmittelbarer Besitzer" und kann, anders als beim Pfand, mit der sicherungsübereigneten Sache weiterarbeiten. Der Kreditgeber kann bei Nichterfüllung der fälligen Forderungen die Herausgabe der Sache vom Kreditnehmer verlangen und diese selbstständig („freihändig") verkaufen. Er muss sie also nicht versteigern, wie es beim Pfand der Fall ist. Die Sicherungsübereignung ist auch nicht, wie das Pfand, an eine bestimmte Kreditforderung gebunden. Die Sicherungsübereignung ist nicht gesetzlich geregelt, sie ist ein Beispiel für offiziell anerkanntes „Gewohnheitsrecht".

Langfristige Kredite

Bankdarlehen	Schuldverschreibungen (= Anleihen = Obligationen)	Schuldscheindarlehen
– Festdarlehen (Fälligkeitsdarlehen) – Ratendarlehen (Abzahlungsdarlehen) – Annuitätendarlehen	Sammelbegriff für festverzinsliche Papiere, die vom Staat (z. B. Bundesschatzbriefe) oder großen Unternehmen (z. B. Industrieobligationen) zur langfristigen Finanzierung ausgegeben werden	Sonderform langfristiger, anleiheähnlicher Darlehen in Form von „Beweisurkunden" mit einer Laufzeit von 5 bis 15 Jahren und hohen Kreditbeträgen. Sie werden nicht an der Börse gehandelt. Schuldscheindarlehen haben sehr an Bedeutung gewonnen.

Kurzfristige Kredite

Lieferantenkredite	Kundenanzahlungen	Kontokorrentkredite	Sonstige
Finanzierung durch Stundung des Kaufpreises bis zum Zahlungsziel (üblich: 30 Tage)	Finanzierung durch Vorauszahlungen des Kunden (vor allem bei Großaufträgen)	Bankkredit in laufender Rechnung, der in wechselnder Höhe in Anspruch genommen werden kann	– Wechselkredit – Lombardkredit – Avalkredit

Formelkasten

Kapitalwiedergewinnungsfaktor	$\frac{i\,(1 + i)^n}{(1 + i)^n - 1}$
Effektiver Jahreszinssatz (Festdarlehen)	$\frac{(\text{Jahreszinsen} + \text{Einmalkosten} : \text{Kreditzeitraum}) \cdot 100}{\text{Auszahlungsbetrag}}$
Tageszinsen (Kontokorrentkredit)	$\frac{\text{Kreditbetrag} \cdot \text{Zinsfuß} \cdot \text{Tage}}{100 \cdot 360} = \frac{K \cdot p \cdot t}{100 \cdot 360}$
Jahreszinssatz Lieferantenkredit (Näherungsformel)	$\frac{\text{Skontosatz} \cdot 360}{\text{Kreditzeitraum}}$
Jahreszinssatz Lieferantenkredit (präzise Berechnung)	$\frac{(\text{Skontosatz} \cdot 100 \cdot 360) : (100 - \text{Skontosatz})}{\text{Kreditzeitraum}}$
Finanzierungsgewinn	Skontobetrag – Bankzinsen

Kreditsicherheiten

- **Bürgschaft**
  - Ausfallbürgschaft
  - selbstschuldnerische
- **Eigentumsvorbehalt**
  - einfacher
  - verlängerter
  - erweiterter
- **Pfandrecht**
- **Grundpfandrechte (Immobilien)**
  - Grundschuld
  - Hypothek
- **Zession (Sicherungsabtretung)**
  - Mantelzession
  - Globalzession
- **Sicherungsübereignung**

Kreditsubstitute (kreditnahe Finanzierungsarten)

- **Leasing**
  entgeltliche Nutzungsüberlassung eines Wirtschaftsguts auf Zeit
- **Factoring**
  laufender, vertraglich geregelter Verkauf von Forderungen aus Lieferungen und Leistungen

Leasingarten

- **nach Verpflichtungscharakter**
  - Finanzierungsleasing (Finance-Leasing)
  - Gebrauchsleasing (Operate-Leasing)
- **nach Stellung des Leasinggebers**
  - direktes Leasing
  - indirektes Leasing
- **nach Stellung des Leasingnehmers**
  - Investitionsgüterleasing
  - Konsumgüterleasing

Finanzierungsleasing (Finance-Leasing)

- **Vollamortisationsvertrag**
  - ohne Mietverlängerungsoption
  - mit Mietverlängerungsoption
  - mit Kaufoption
- **Teilamortisationsvertrag**
  - mit Andienungsrecht
  - ohne Andienungsrecht

Factoring

Beim Factoring verkauft ein Unternehmen seine eigenen Forderungen (offene Ausgangsrechnungen) an einen „Factor“ (spezielle Bank), um schon vor Fälligkeit an das Geld zu gelangen und ggf. auch die Ausfallrisiken sowie die Überwachung der Zahlungseingänge auf den Factor abzuwälzen.

Funktionen des Factoring

Finanzierungsfunktion	Der Factor bezuschusst die angekauften Forderungen bis zum Zeitpunkt der Fälligkeit. Kosten: vergleichbar mit Kosten für einen Kontokorrentkredit
Dienstleistungsfunktion	Der Factor übernimmt die Debitorenbuchhaltung, das Mahn- und Inkassowesen usw. Kosten: zwischen 0,5 und 2,5 % des Forderungsbetrages
Kreditsicherungsfunktion	Der Factor übernimmt das Risiko des Forderungsausfalles („Delkrederefunktion“). Kosten: zwischen 0,3 und 1 % des Forderungsbetrages

Arten des Factoring

- **nach Übernahme des Kreditrisikos**
  - **echtes Factoring**
    Der Factor übernimmt die Delkrederefunkion.
  - **unechtes Factoring**
    Der Factor übernimmt keine Delkrederefunktion.
- **nach Kenntnisstand des Drittschuldners**
  - **offenes Factoring**
    Der Drittschuldner ist über das Factoring informiert und bezahlt direkt an den Factor.
  - **stilles Factoring**
    Das Factoring wird dem Drittschuldner gegenüber nicht offengelegt.

III Vertiefungsaufgaben

1. *Die Toffix GmbH aus Erfurt beliefert die Automobilindustrie mit elektronischen Zulieferteilen. Für eine Erweiterungsinvestition benötigt sie einen Kredit. Die Hausbank unterbreitet der Toffix GmbH folgendes Angebot: Darlehensbetrag: 420.000,00 EUR, Zinssatz: 7,5 % p. a., Kreditlaufzeit: 6 Jahre.*

a) Erstellen Sie einen Tilgungsplan für alle drei Darlehensarten.
b) Welches Risiko ist mit dem Festdarlehen für die Hausbank der Toffix GmbH verbunden?
c) Ermitteln Sie den effektiven Zinssatz des Festdarlehens für den Fall, dass die Bank 1 % Bearbeitungsgebühr berechnet.

2. *Die Spedition Beyer KG aus Hamburg benötigt für den Kauf eines Lkw ein Darlehen in Höhe von 850.000,00 EUR (Kreditlaufzeit: 5 Jahre). Der Zinssatz für ein Bankdarlehen beläuft sich auf 6 % p. a.*

a) Erstellen Sie einen Tilgungsplan für alle drei Darlehensarten.
b) Wie hoch ist der effektive Zinssatz des Festdarlehens bei einem Auszahlungskurs von 98 %?

3. *Unternehmer Braun aus Halle erhält ein Ratendarlehen (Darlehenssumme: 500.000,00 EUR, Laufzeit: 5 Jahre, Zinssatz: 7 % p. a., keine Tilgung im ersten Jahr). Erstellen Sie den Tilgungsplan.*

4. *Diskutieren Sie die These: „Je höher die Tilgung, desto besser."*

5. *Die Filex GmbH benötigt eine neue Produktionsanlage (Anschaffungskosten: 540.000,00 EUR, Nutzungsdauer: 6 Jahre). Das Unternehmen erwägt eine Kredit- oder eine Leasingfinanzierung. Stellen Sie Kosten und Mittelabfluss beider Finanzierungsvarianten gegenüber und erläutern Sie Ihr Ergebnis.*
- *Bankkredit: Ratendarlehen über 540.000,00 EUR, Laufzeit: 4 Jahre, Zinssatz: 7 % p. a.*
- *Leasing: Grundmietzeit: 4 Jahre, monatliche Leasingrate: 2,2 % der Anschaffungskosten, Mietverlängerungsoption: 17 % p. a.*

6. *Die Kölner Tiefbau AG benötigt eine neue Planierraupe (Anschaffungskosten: 960.000,00 EUR, geplante Nutzungsdauer: 8 Jahre). Vergleichen Sie die Kosten und den Mittelabfluss folgender Finanzierungsangebote und überlegen Sie, welche Argumente für eine Leasingfinanzierung sprechen könnten.*
- *Bankkredit: Ratendarlehen über 960.000,00 EUR, Laufzeit: 5 Jahre, Zinssatz: 6,5 % p. a.*
- *Leasing: Grundmietzeit: 5 Jahre, monatliche Leasingrate: 1,8 % der Anschaffungskosten, Mietverlängerungsoption: 12,5 % p. a., Abschlussgebühr: 4 % der Anschaffungskosten*

7. *Die Rainer Müller KG aus Bremen-Nord plant die Beschaffung eines neuen Spezialtransporters (Anschaffungskosten: 240.000,00 EUR, Nutzungsdauer: 5 Jahre). Stellen Sie die Kosten und den Mittelabfluss der Finanzierungsvarianten gegenüber.*
- *Bankkredit: Ratendarlehen, Laufzeit: 4 Jahre, Zinssatz: 8 % p. a.*
- *Leasing: Abschlussgebühr: 5 % der Anschaffungskosten, Grundmietzeit: 4 Jahre, Leasingsatz: 2,5 %, Kaufoption zum Restbuchwert gemäß AfA-Tabelle am Ende der Nutzungsdauer*

8. *Bankhaus Neelsen aus Karlsruhe räumt der Sommer KG einen Kontokorrentkredit (Zinssatz: 11 % p. a.) bis zu einer Kreditlinie in Höhe von 150.000,00 EUR ein. Die Überziehungsprovision beträgt 2 % p. a. Ermitteln Sie die Zinsen für die folgende Inanspruchnahme des Kontokorrentkredits der Sommer KG:*
a) 12 Tage: 125.000,00 EUR b) 6 Tage: 136.000,00 EUR c) 9 Tage: 185.000,00 EUR

9. *In der Balebo GmbH geht eine Rechnung für eine Warenlieferung mit einem Rechnungsbetrag in Höhe von 17.850,00 EUR ein. Die Zahlungsbedingungen lauten: „Zahlung innerhalb von 10 Tagen unter Abzug von 3 % Skonto oder innerhalb von 30 Tagen netto Kasse". Die Balebo GmbH erwägt, die Warenlieferung mit einem Kontokorrentkredit (12 % p. a. Sollzinsen) zu finanzieren.*

a) Ermitteln Sie die Kosten des Lieferantenkredits in Euro.
b) Ermitteln Sie den Jahreszinssatz des Lieferantenkredits (überschlägig und exakt).
c) Ermitteln Sie die Höhe des Bankkredits und der Bankzinsen.
d) Ermitteln und erläutern Sie den Finanzierungsgewinn.

10. *Die Einkaufsabteilung des Industriebetriebs Hydro-Tech KG erhält eine Eingangsrechnung für eine Rohstofflieferung – Rechnungsbetrag: 297.500,00 EUR; Zahlungsbedingungen: „Zahlung innerhalb von 14 Tagen unter Abzug von 2 % Skonto oder innerhalb von 60 Tagen netto". Die Sollzinsen für einen Kontokorrentkredit der Hausbank betragen 13,5 % p. a. Ermitteln Sie den Jahreszinssatz des Lieferantenkredits und den Finanzierungsgewinn.*

G Finanzplanung Teil II

I Praxisfall „Athos AG“

Nun liegen alle Informationen vor, um die Finanzierung der neuen Maschine konkret planen zu können. Dazu soll zwischen dem Anlagekapitalbedarf und dem Umlaufkapitalbedarf für das erste Quartal (vgl. Abschnitt C I 1) unterschieden werden:

Finanzierungsmodelle						
Modell Nr.	Anlagekapitalbedarf			Umlaufkapitalbedarf (Quartal 1)		
	Anschaffungskosten (EUR)	Vorbereitungskosten (EUR)	Eiserne Reserve (EUR)	Materialkosten (EUR)	Fertigungslöhne (EUR)	Auszahlungswirksame Gemeinkosten (EUR)
1	Innenfinanzierung					
2	Beteiligungsfinanzierung					
3	Darlehensfinanzierung					
4	Darlehensfinanzierung	Innenfinanzierung				
5	Darlehensfinanzierung	Innenfinanzierung		Kontokorrentkredit		
6	Leasing	Innenfinanzierung				
7	Leasing	Innenfinanzierung		Kontokorrentkredit		

Arbeitsauftrag

Tragen Sie die erforderlichen Eurobeträge in die leeren Felder der Tabelle „Finanzierungsmodelle“ ein und erläutern Sie diese Ihren Mitschülerinnen und Mitschülern.

1 Prüfen vorliegender Finanzierungsmodelle

Zunächst soll geprüft werden, welche der vorliegenden Finanzierungsmodelle machbar sind. Dazu liegen Ihnen folgende Informationen vor:

- Auf der Hauptversammlung haben 71 % der Aktionäre einer ordentlichen Kapitalerhöhung zugestimmt.
- Die Hausbank legt im Falle der Darlehensfinanzierung Wert auf die Einhaltung der Fristenkongruenz.
- Die Ergebnisse Ihrer Berechnungen im gesamten Buch.

Arbeitsaufträge

1. *Prüfen Sie sorgfältig, welche der Finanzierungsmodelle infrage kommen können, kreuzen Sie entsprechend an und begründen Sie Ihre Meinung in den Fällen, in denen Sie „Nein" angekreuzt haben (Stichworte).*

Machbarkeitscheck: Finanzierungsmodelle			
Finanzierungsmodell	Kommt das Modell infrage?		Begründung (nur wenn „Nein" angekreuzt wurde)
	Ja	Nein	
Finanzierungsmodell Nr. 1			
Finanzierungsmodell Nr. 2			
Finanzierungsmodell Nr. 3			
Finanzierungsmodell Nr. 4			
Finanzierungsmodell Nr. 5			
Finanzierungsmodell Nr. 6			
Finanzierungsmodell Nr. 7			

2. *Erfassen Sie in nachfolgender Tabelle für die machbaren Finanzierungsmodelle die jeweiligen Gesamtkosten unter Berücksichtigung möglicher Abschreibungen.*

Kostenvergleich der Finanzierungsmodelle	
Finanzierungsmodell	Gesamtkosten (EUR) über die gesamte Nutzungsdauer
Finanzierungsmodell Nr. 1	
Finanzierungsmodell Nr. 2	
Finanzierungsmodell Nr. 3	
Finanzierungsmodell Nr. 4	
Finanzierungsmodell Nr. 5	
Finanzierungsmodell Nr. 6	
Finanzierungsmodell Nr. 7	

2 Bewerten von Finanzierungsmodellen mithilfe der Ziele der Finanzwirtschaft

Arbeitsaufträge

1. *Erstellen Sie eine Nutzwertanalyse zur Bewertung der machbaren Finanzierungsmodelle. Als Entscheidungskriterien sollen relevante Ziele der Finanzwirtschaft dienen. Lesen Sie dazu den Infotext (unten). Die derzeitige Liquidität der Athos AG liegt deutlich über dem Branchendurchschnitt.*

Nutzwertanalyse									
Entscheidungskriterium	Gewichtung	Gewichtung: 100 % = sehr wichtig; 0 % = unwichtig Bewertung: 10 = sehr gut; 1 = sehr schlecht							
		Finanzierungsmodell Nr.		Finanzierungsmodell Nr.		Finanzierungsmodell Nr.		Finanzierungsmodell Nr.	
		Bewertung (einfach)	Bewertung (gewichtet)	Bewertung (einfach)	Bewertung (gewichtet)	Bewertung (einfach)	Bewertung (gewichtet)	Bewertung (einfach)	Bewertung (gewichtet)
Rentabilität									
Liquidität									
Unabhängigkeit									
Summen:									

2. *Leiten Sie aus Ihrer Nutzwertanalyse eine begründete Empfehlung für den Vorstand ab.*

Infotext: Ziele der Finanzwirtschaft

- **Liquidität:** Das Unternehmen muss jederzeit in der Lage sein, seinen Zahlungsverpflichtungen nachkommen zu können. Entsprechend muss die betriebliche Finanzwirtschaft dafür sorgen, dass das Unternehmen jederzeit über ausreichende liquide Mittel verfügt. Wird dieses Ziel nicht erreicht, droht die Unternehmensinsolvenz.
- **Rentabilität:** Die Rentabilität ist das Verhältnis von Gewinn zum durchschnittlich eingesetzten Kapital und drückt damit die Verzinsung des eingesetzten Kapitals aus. Diese muss aus Sicht der Kapitalgeber angemessen sein, sonst stellen sie kein Kapital mehr bereit.
- **Sicherheit:** Dieses Ziel beschränkt sich auf Investitionsentscheidungen und ist damit lediglich für Investoren bzw. Kapitalgeber relevant. Diese verlangen die Sicherheit, dass ihr Kapital nicht „verspielt" wird (Verlustrisiko). Das Ziel der Sicherheit konkurriert naturgemäß mit dem Ziel der Rentabilität.
- **Unabhängigkeit:** Geldgeber wollen mitreden – das gilt sowohl für Fremdkapitalgeber (z. B. Banken) als auch für Eigenkapitalgeber (z. B. neue Aktionäre). Deshalb ist die Beschaffung von Kapital auch immer mit Abhängigkeit von den Kapitalgebern verbunden.

3 Planen der investitionsbezogenen Ein- und Auszahlungen

Der Vorstand hat sich für das Finanzierungsmodell Nr. ______ entschieden.

Investitionsbezogene Ein- und Auszahlungen Jahr 1 bis 3 (Beträge in EUR)			
	Jahr 1	Jahr 2	Jahr 3
Saldo Jahresanfang			
Einzahlungen			
Umsatzerlöse			
Darlehensauszahlungen			
Summe Einzahlungen			
Auszahlungen			
Fertigungsmaterial			
Löhne			
Gehälter			
Energie			
Fremdinstandhaltung			
Raummiete			
Kreditzinsen			
Darlehenstilgung			
Investitionssumme			
Sonstige Auszahlungen			
Summe Auszahlungen			
Saldo (Jahr)			
Saldo (kumuliert)			

Arbeitsauftrag

Planen Sie alle Ein- und Auszahlungen für die neue Maschine für die ersten drei Jahre. Beachten Sie dabei bitte folgende Hinweise:

- *Alle Beträge sind auf volle Euro abzurunden (ohne Angabe von Centbeträgen).*
- *Die mit dem Betrieb der neuen Maschine verbundenen Ein- und Auszahlungen sind aus der Vorbereitung der dynamischen Investitionsrechnung (Kapitel B I 2.1) zu übernehmen.*
- *Die Vorbereitungskosten und der eiserne Bestand sind der Kapitalbedarfsplanung (Abschnitt C I 1) zu entnehmen. Der eiserne Bestand ist den Auszahlungen für Fertigungsmaterial und Vorbereitungskosten sind als sonstige Auszahlungen einzuordnen.*

4 Analysieren der Auswirkungen auf den betrieblichen Finanzplan

Ihnen liegt der betriebliche Finanzplan der Athos AG für die nächsten drei Jahre vor, der jedoch die Ein- und Auszahlungen, die mit der bevorstehenden Investition verbunden sind, noch nicht berücksichtigt:

Langfristiger Finanzplan Athos AG (Beträge in EUR)			
	Jahr 1	Jahr 2	Jahr 3
Zahlungsmittelbestand Jahresanfang	**1.560.000**	**1.624.760**	**1.690.168**
Einzahlungen			
Umsatzerlöse	40.800.000	41.208.000	41.620.080
Zinserträge	142.800	144.228	145.670
Darlehensauszahlungen	0	0	0
Summe Einzahlungen	**40.942.800**	**41.352.228**	**41.765.750**
Auszahlungen			
Fertigungsmaterial	24.537.120	24.782.491	25.030.316
Löhne	3.166.080	3.197.741	3.229.718
Gehälter	4.749.120	4.796.611	4.844.577
Energie	1.808.688	1.826.775	1.845.043
Fremdinstandhaltung	775.152	782.904	790.733
Raummieten	1.033.536	1.043.871	1.054.310
Kreditzinsen	516.000	521.160	526.372
Betriebssteuern	410.040	414.140	418.281
Darlehenstilgung	172.000	173.720	175.457
Investitionen	2.160.000	2.181.600	2.203.416
Sonstige Auszahlungen	1.550.304	1.565.807	1.581.465
Summe Auszahlungen	**40.878.040**	**41.286.820**	**41.699.688**
Zahlungsmittelbestand Jahresende	**1.624.760**	**1.690.168**	**1.756.230**

Arbeitsaufträge

1. *Erläutern Sie mithilfe des nachfolgenden Infotextes Ihren Mitschülerinnen und Mitschülern den vorliegenden Finanzplan der Athos AG.*

2. *Aktualisieren Sie den vorliegenden Finanzplan unter Berücksichtigung der Ein- und Auszahlungen, die mit der geplanten Investition verbunden sind (Seite 97). Nehmen Sie den nachfolgenden Infotext zu Hilfe.*

Langfristiger Finanzplan Athos AG (Beträge in EUR)			
	Jahr 1	Jahr 2	Jahr 3
Zahlungsmittelbestand Jahresanfang			
Einzahlungen			
Umsatzerlöse			
Zinserträge			
Darlehensauszahlungen			
Summe Einzahlungen			
Auszahlungen			
Fertigungsmaterial			
Löhne			
Gehälter			
Energie			
Fremdinstandhaltung			
Raummieten			
Kreditzinsen			
Betriebssteuern			
Darlehenstilgung			
Investitionen			
Sonstige Auszahlungen			
Summe Auszahlungen			
Zahlungsmittelbestand Jahresende			

3. *Erläutern Sie die Auswirkungen der Investition auf den langfristigen Finanzplan.*

____

____

____

____

____

____

Infotext: Finanzplanung und Finanzplan

Finanzplanung

Die Finanzplanung umfasst den gesamten Prozess der Prognose und der aktiven Gestaltung zukünftiger Ein- und Auszahlungsströme unter Berücksichtigung der finanzwirtschaftlichen Ziele. Die Finanzplanung ist ein komplexer Prozess von Planungsschritten, welcher mit anderen betrieblichen Teilplänen (Absatz-, Produktions-, Investitionsplan usw.) abzustimmen ist.

Fristigkeit der Finanzplanung		
Fristigkeit	**Planungszeitraum**	**Planungseinheit**
kurzfristige Finanzplanung	1 Woche bis zu 6 Monaten	Tage, Wochen, Monate
mittelfristige Finanzplanung	6 Monate bis zu 1 Jahr	Wochen, Monate, Quartale
langfristige Finanzplanung	1 Jahr bis zu 10 Jahren	Halbjahre, Jahre

Im Mittelpunkt der Finanzplanung stehen die Erfassung und der Ausgleich des zukünftigen Kapitalbedarfs, welcher naturgemäß durch das zeitliche Auseinanderfallen von Ein- und Auszahlungen entsteht. Dabei sind zwei Arten der Kapitalbedarfsermittlung zu unterscheiden:

- **Kapitalbedarfsrechnung:** Der Kapitalbedarf von Unternehmensgründungen oder großer Erweiterungsinvestitionen wird mithilfe der Kapitalbedarfsrechnung (Abschnitt C I 1) ermittelt.
- **Kapitalbedarfsplanung:** Der Kapitalbedarf, der sich aus den laufenden Ein- und Auszahlungen des gewöhnlichen Geschäftsbetriebs ergibt, wird im betrieblichen Finanzplan ermittelt.

Finanzplan

Unter einem Finanzplan (im engeren Sinne) versteht man die tabellarische Darstellung der zukünftigen betrieblichen Ein- und Auszahlungsströme in den einzelnen Perioden. Ein Finanzplan mit einem Planungszeitraum von bis zu einem Jahr wird auch als **Liquiditätsplan** bezeichnet.

Kurzfristiger Finanzplan (Liquiditätsplan) der Beispiel AG (Beträge in EUR)						
	Januar	**Februar**	**März**	**April**	**Mai**	**Juni**
Zahlungsmittelbestand Monatsanfang	**50.000**	**208.500**	**382.850**	**574.635**	**808.105**	**1.012.487**
Einzahlungen						
Umsatzerlöse	1.000.000	1.100.000	1.210.000	1.331.000	1.464.100	1.610.510
Zinserträge	20.000	22.000	24.200	26.620	29.282	32.210
Darlehensauszahlungen	155.000	170.500	187.550	206.305	226.936	249.629
Summe Einzahlungen	**1.175.000**	**1.292.500**	**1.421.750**	**1.563.925**	**1.720.318**	**1.892.349**
Auszahlungen						
Fertigungsmaterial	125.000	137.500	151.250	166.375	183.013	201.314
Löhne/Gehälter	270.000	297.000	326.700	359.370	395.307	434.838
Energie	125.000	137.500	151.250	166.375	183.013	201.314
Raummieten	62.500	68.750	75.625	83.188	91.506	100.657
Kreditzinsen	187.500	206.250	226.875	249.563	274.519	301.971
Betriebssteuern	30.000	33.000	36.300	39.930	43.923	48.315
Darlehenstilgung	15.500	17.050	18.755	20.631	22.694	24.963
Investitionen	186.000	204.600	225.060	225.060	300.000	250.000
Sonstige Auszahlungen	15.000	16.500	18.150	19.965	21.962	24.158
Summe Auszahlungen	**1.016.500**	**1.118.150**	**1.229.965**	**1.330.456**	**1.515.935**	**1.587.529**
Zahlungsmittelbestand Monatsende	**208.500**	**382.850**	**574.635**	**808.105**	**1.012.487**	**1.317.308**

II Kompaktwissen

Finanzwirtschaftliche Ziele

Finanzwirtschaftliche Ziele sind zugleich die Entscheidungskriterien für die Bewertung finanzwirtschaftlicher Alternativen.

Liquidität	Rentabilität	Sicherheit	Unabhängigkeit
Fähigkeit, den laufenden Zahlungsverpflichtungen vertragsgerecht nachkommen zu können	Verhältnis von Gewinn zu durchschnittlich eingesetztem Kapital	kalkulierbares und angemessenes Risiko bei Investitionsentscheidungen	Unabhängigkeit des Unternehmens von Fremdkapitalgebern sowie neuen Unternehmenseigentümern

Kapitalbedarfsermittlung

Kapitalbedarfsrechnung
(einmalig)
bei Unternehmensgründungen und Erweiterungsinvestitionen

- Anlagekapitalbedarf
- Umlaufkapitalbedarf

Kapitalbedarfsplanung
(laufend)
im betrieblichen Finanzplan
Ein Kapitalbedarf entsteht immer dann, wenn die Auszahlungen einer Periode größer sind als die Einzahlungen.

Fristigkeit der Finanzplanung

kurzfristige Finanzplanung	mittelfristige Finanzplanung	langfristige Finanzplanung
1 Woche bis zu 6 Monaten	6 Monate bis zu 1 Jahr	1 Jahr bis zu 10 Jahren

Struktur eines Finanzplans

	Periode 1	Periode 2	Periode 3
Zahlungsmittelbestand Periodenbeginn	**100,00**	**150,00**	**250,00**
Einzahlungen	300,00	400,00	500,00
Auszahlungen	250,00	300,00	350,00
Zahlungsmittelbestand Periodenende	**150,00**	**250,00**	**400,00**

III Vertiefungsaufgaben

1. *Im Rahmen der Finanzplanung sind die vier Ziele der Finanzwirtschaft (Liquidität, Rentabilität, Sicherheit und Unabhängigkeit) zu berücksichtigen.*

a) *Erläutern Sie diese vier Ziele in eigenen Worten.*
b) *Aus welchem Grund werden diese finanzwirtschaftlichen Ziele auch als „finanzwirtschaftliche Entscheidungskriterien" bezeichnet?*
c) *Erläutern Sie die Zielbeziehung zwischen den Zielen „Liquidität" und „Rentabilität".*
d) *Warum ist das Ziel „Sicherheit" nur für Investoren bzw. Kapitalgeber relevant?*

2. *Erläutern Sie den Unterschied zwischen der „Finanzplanung" i. w. S. und dem „Finanzplan" i. e. S.*

3. *Ihnen liegt folgender kurzfristiger Finanzplan der Wassermann GmbH vor:*

Liquiditätsplan der Wassermann GmbH (Beträge in EUR)			
	Januar	**Februar**	**März**
Zahlungsmittelbestand Monatsanfang	**50.000**		
Einzahlungen			
Umsatzerlöse	1.000.000	1.100.000	1.540.000
Zinserträge	20.000	22.000	24.200
Darlehensauszahlungen	155.000	170.500	187.550
Summe Einzahlungen			
Auszahlungen			
Fertigungsmaterial	125.000	137.500	151.250
Fertigungslöhne und Gehälter	270.000	297.000	326.700
Energie	125.000	137.500	151.250
Raummieten	62.500	68.750	75.625
Kreditzinsen	187.500	206.250	226.875
Betriebssteuern	30.000	33.000	36.300
Darlehenstilgung	15.500	17.050	18.755
Investitionen	186.000	651.000	716.100
Sonstige Auszahlungen	15.000	16.500	18.150
Summe Auszahlungen			
Zahlungsmittelbestand Monatsende			

a) *Vervollständigen Sie den Finanzplan.*
b) *Beschreiben Sie die Situation im geplanten Quartal.*
c) *Leiten Sie finanzwirtschaftliche Empfehlungen ab.*

I Praxisfall „Athos AG“

Am Ende des nachfolgenden Geschäftsjahres, in dem die Maschine wie geplant erworben wurde, soll die finanzielle Situation und Entwicklung der Athos AG mithilfe von Bilanz- und Erfolgskennzahlen untersucht werden. Um die Berechnung dieser Kennzahlen zu erleichtern, hat das Controlling eine Strukturbilanz erstellt, in der aus Gründen der Übersichtlichkeit die einzelnen Bilanzpositionen zusammengefasst werden.

Strukturbilanz Athos AG					
Aktiva	**Geschäftsjahr (EUR)**	**Vorjahr (EUR)**	**Passiva**	**Geschäftsjahr (EUR)**	**Vorjahr (EUR)**
A. Anlagevermögen	10.048.733	9.240.000	**A. Eigenkapital**	6.513.344	6.498.360
B. Umlaufvermögen			**B. Fremdkapital**		
1 Vorräte	6.061.240	5.952.960	1 Langfristiges Fremdkapital	10.180.120	9.312.000
2 Forderungen	7.319.510	7.247.040	2 Kurzfristiges Fremdkapital	8.271.536	8.189.640
3 Flüssige Mittel	1.535.517	1.560.000			
Summe	**24.965.000**	**24.000.000**	**Summe**	**24.965.000**	**24.000.000**

Angaben des Vorvorjahres: Eigenkapital: 6.421.129,00 EUR; Fremdkapital: 16.858.871,00 EUR

Gewinn- und Verlustrechnung (GuV) Athos AG			
		Geschäftsjahr (EUR)	**Vorjahr (EUR)**
	Umsatzerlöse	41.772.000	40.800.000
–	Materialaufwand	25.065.241	24.537.120
–	Personalaufwand[1]	8.122.752	7.915.200
–	Abschreibungen auf Sachanlagen	1.551.275	1.440.000
–	Sonstige betriebliche Aufwendungen	5.398.945	5.167.680
+	Zinserträge	144.228	142.800
–	Zinsaufwendungen	559.910	516.000
=	**Gewinn (vor Steuern)**	**1.218.105**	**1.366.800**
–	Steuern vom Einkommen und Ertrag	365.432	410.040
=	**Jahresüberschuss**	**852.673**	**956.760**

[1] Zuführung zu Pensionsrückstellungen im Geschäftsjahr: 199.859,00 EUR (Vorjahr: 197.880,00 EUR)

1 Ermitteln und Analysieren von Bilanzkennzahlen

Arbeitsaufträge

1. *Ermitteln Sie mithilfe des nachfolgenden Infotextes die Bilanzkennzahlen zur vertikalen Bilanzstruktur der Athos AG. Analysieren Sie anschließend Ihre Ergebnisse und leiten Sie Empfehlungen zur Verbesserung der Kennzahlen ab.*

Kapitalstruktur					
Kennzahl	Athos AG				Branchendurchschnitt (%)
	Geschäftsjahr (%)	Vorjahr (%)	Entwicklung (%)	Abweichung vom Branchendurchschnitt (Prozentpunkte)	
Eigenkapitalquote					**29,00 %**
Fremdkapitalquote					**71,00 %**
Verschuldungsgrad					**244,83 %**

Analyse und Empfehlungen (konkrete Maßnahmen):

Vermögensstruktur					
Kennzahl	Athos AG				Branchendurchschnitt (%)
	Geschäftsjahr (%)	Vorjahr (%)	Entwicklung (%)	Abweichung vom Branchendurchschnitt (Prozentpunkte)	
Anlageintensität					**27,85 %**
Umlaufintensität					**72,15 %**
Forderungsintensität					**35,20 %**

Analyse und Empfehlungen (konkrete Maßnahmen):

Infotext: Kennzahlen zur vertikalen Bilanzstruktur

Kennzahlen zur Kapitalstruktur

- **Eigenkapitalquote:** Die Eigenkapitalquote gibt an, wie hoch der Anteil des Eigenkapitals am Gesamtkapital des Unternehmens ist:

$$\text{Eigenkapitalquote} = \frac{\text{Eigenkapital} \cdot 100}{\text{Gesamtkapital}}$$

- **Fremdkapitalquote:** Die Fremdkapitalquote gibt an, wie hoch der Anteil des Fremdkapitals am Gesamtkapital ist, und stellt damit die Gegengröße zur Eigenkapitalquote dar:

$$\text{Fremdkapitalquote} = \frac{\text{Fremdkapital} \cdot 100}{\text{Gesamtkapital}}$$

- **Verschuldungsgrad:** Der Verschuldungsgrad bringt das Verhältnis von Fremd- zu Eigenkapital zum Ausdruck:

$$\text{Verschuldungsgrad} = \frac{\text{Fremdkapital} \cdot 100}{\text{Eigenkapital}}$$

1:1- und 1:2-Regel: Je höher das Eigenkapital, desto krisenfester und unabhängiger ist das Unternehmen. Im Idealfall ist das Verhältnis von Eigen- zu Fremdkapital 1 : 1. Da sich der Eigenkapitalanteil deutscher Unternehmen – nicht zuletzt aufgrund schnellen Wachstums – im Durchschnitt auf etwa 20 % verringert hat, wird diese „1:1-Regel“ heute gewöhnlich zur „1:2-Regel“ abgeschwächt[1], was einem Verschuldungsgrad von 200 % entspricht. Hinsichtlich der „optimalen Verschuldung“ ist auch der sogenannte Leverage-Effekt zu berücksichtigen (Seite 109).

Kennzahlen zur Vermögensstruktur

- **Anlageintensität:** Die Anlageintensität (Anlagenquote) gibt an, wie hoch der Anteil des Anlagevermögens am Gesamtvermögen des Unternehmens ist:

$$\text{Anlageintensität} = \frac{\text{Anlagevermögen} \cdot 100}{\text{Gesamtvermögen}}$$

- **Umlaufintensität:** Die Umlaufintensität (Umlaufquote) gibt an, wie hoch der Anteil des Umlaufvermögens am Gesamtvermögen des Unternehmens ist und stellt damit die Gegengröße zur Anlageintensität dar:

$$\text{Umlaufintensität} = \frac{\text{Umlaufvermögen} \cdot 100}{\text{Gesamtvermögen}}$$

  Die Umlaufintensität kann noch weiter ausdifferenziert werden, indem die Vorräte, die Forderungen oder die flüssigen Mittel zum Gesamtvermögen ins Verhältnis gesetzt werden. Die betreffenden Kennzahlen werden entsprechend als Vorrats-, Forderungs- oder Flüssige-Mittel-Intensität bezeichnet.

Je höher die Anlageintensität, desto größer die monatlichen Fixkosten und desto geringer die Flexibilität des Unternehmens, auf Beschäftigungsschwankungen bzw. sich ändernde Marktsituationen zu reagieren. Die Beurteilung dieser Kennzahl ist jedoch in hohem Maße branchenabhängig – so ist etwa in der Schwerindustrie eine höhere Anlageintensität erforderlich als in Dienstleistungsunternehmen.

---

[1] vgl. Jahrmann: Finanzierung (2009), Seite 371; vgl. Perridon u. a.: Finanzwirtschaft der Unternehmung (2009), Seite 566

2. *Ermitteln Sie mithilfe des nachfolgenden Infotextes die Bilanzkennzahlen zur horizontalen Bilanzstruktur der Athos AG. Analysieren Sie anschließend Ihre Ergebnisse und leiten Sie Empfehlungen zur Verbesserung der Kennzahlen ab.*

Anlagedeckung					
Kennzahl	Athos AG				Branchendurchschnitt (%)
	Geschäftsjahr (%)	Vorjahr (%)	Entwicklung (%)	Abweichung Branchendurchschnitt (Prozentpunkte)	
Deckungsgrad I					**98,95 %**
Deckungsgrad II					**172,18 %**

Analyse und Empfehlungen (konkrete Maßnahmen):

Liquidität					
Kennzahl	Athos AG				Branchendurchschnitt (%)
	Geschäftsjahr (%)	Vorjahr (%)	Entwicklung (%)	Abweichung vom Branchendurchschnitt (Prozentpunkte)	
Liquidität 1. Grades					**16,60 %**
Liquidität 2. Grades					**94,53 %**
Liquidität 3. Grades					**156,64 %**

Analyse und Empfehlungen (konkrete Maßnahmen):

Infotext: Kennzahlen zur horizontalen Bilanzstruktur

Anlagedeckung

Die Kennzahlen zur Anlagedeckung geben an, in welchem Maße das Anlagevermögen durch langfristig verfügbares Kapital finanziert („gedeckt") ist und sind somit ein Maßstab zur Beurteilung einer fristgerechten Finanzierung des Unternehmens. Es werden die Deckungsgrade I und II unterschieden:

$$\text{Deckungsgrad I} = \frac{\text{Eigenkapital} \cdot 100}{\text{Anlagevermögen}}$$

$$\text{Deckungsgrad II} = \frac{(\text{Eigenkapital} + \text{langfristiges Fremdkapital}) \cdot 100}{\text{Anlagevermögen}}$$

Goldene Finanzierungsregel: Die goldene Finanzierungsregel verlangt dabei, dass die Kapitalbindungsdauer der Vermögensgegenstände der Überlassungsdauer des Kapitals entspricht (Prinzip der Fristenkongruenz). Mit anderen Worten: Langfristig gebundenes Anlagevermögen (z. B. Gebäude und Maschinen) und langfristig gebundenes Umlaufvermögen (z. B. eiserner Vorratsbestand) müssen auch langfristig finanziert werden. Diese Regel wird durch die **„goldene Bilanzregel"** operationalisiert:

- enge Fassung: Deckungsgrad I $\geq$ 100 %
- weite Fassung: Deckungsgrad II $\geq$ 100 %

Liquidität

Liquidität ist die Fähigkeit eines Unternehmens, zu jedem Zeitpunkt fälligen Zahlungsverpflichtungen nachkommen zu können. Auf Grundlage der Bilanz werden traditionell die drei nachfolgenden Liquiditätsgrade ermittelt, die das Verhältnis von liquiden Mitteln bzw. leicht liquidierbaren Vermögensteilen zum kurzfristigen Fremdkapital ausdrücken:

$$\text{Liquidität 1. Grades} = \frac{\text{liquide Mittel} \cdot 100}{\text{kurzfristiges Fremdkapital}}$$

$$\text{Liquidität 2. Grades} = \frac{(\text{liquide Mittel} + \text{Forderungen}) \cdot 100}{\text{kurzfristiges Fremdkapital}}$$

$$\text{Liquidität 3. Grades} = \frac{\text{Umlaufvermögen} \cdot 100}{\text{kurzfristiges Fremdkapital}}$$

Die liquiden Mittel setzen sich vor allem zusammen aus Bankguthaben und Kassenbestand des Unternehmens. Als kurzfristig gilt das Fremdkapital, welches innerhalb von drei Monaten fällig ist.

Liquiditätsregeln: Folgende Liquiditätsgrade sollte ein Unternehmen anstreben:[1]

- Liquidität 1. Grades: etwa 20 % („One-to-five-Rule")
- Liquidität 2. Grades: etwa 100 % („One-to-one-Rule")
- Liquidität 3. Grades: 200 % („Two-to-one-Rule" bzw. „Banker's Rule")

---

[1] vgl. Perridon u. a.: Finanzwirtschaft der Unternehmung (2009), Seite 572

2 Ermitteln und Analysieren von Erfolgskennzahlen

Arbeitsaufträge

1. *Ermitteln Sie mithilfe des nachfolgenden Infotextes die Erfolgskennzahlen für die Athos AG. Analysieren Sie anschließend Ihre Ergebnisse und leiten Sie betriebswirtschaftliche Empfehlungen zur Verbesserung der Kennzahlen ab.*

Rentabilität					
Kennzahl	Athos AG				Branchendurchschnitt (%)
	Geschäftsjahr (%)	Vorjahr (%)	Entwicklung (%)	Abweichung vom Branchendurchschnitt (Prozentpunkte)	
Umsatzrentabilität					**5,85 %**
Eigenkapitalrentabilität					**34,48 %**
Gesamtkapitalrentabilität					**11,85 %**

Analyse und Empfehlungen (konkrete Maßnahmen):

Cashflow und Cashflow-Marge					
Kennzahl	Athos AG				Branchendurchschnitt (%)
	Geschäftsjahr	Vorjahr	Entwicklung (%)	Abweichung vom Branchendurchschnitt (Prozentpunkte)	
Cashflow (EUR)					
Cashflow-Marge (%)					**8,19 %**

Analyse und Empfehlungen (konkrete Maßnahmen):

2. *Sollte die Athos AG ihren Fremdkapitalanteil erhöhen, um den Leverage-Effekt auszunutzen? Begründen Sie Ihre Meinung.*

Infotext: Erfolgskennzahlen

Umsatzrentabilität

Die Umsatzrentabilität gibt an, welcher Anteil vom Umsatz als Gewinn im Unternehmen übrig bleibt. Entsprechend wird der Jahresgewinn ins Verhältnis gesetzt zum Jahresumsatz:

$$\text{Umsatzrentabilität} = \frac{\text{Jahresgewinn} \cdot 100}{\text{Jahresumsatz}}$$

Eigenkapitalrentabilität (Unternehmerrentabilität)

Die Eigenkapitalrentabilität drückt die Verzinsung des investierten Eigenkapitals aus. Sie zeigt dem Unternehmer, wie erfolgreich sein Geld im Geschäftsjahr gearbeitet hat. Entsprechend wird der Jahresgewinn ins Verhältnis gesetzt zum eingesetzten Eigenkapital. Sofern Vorjahreswerte vorliegen, sollte im Nenner das „durchschnittliche Eigenkapital" angesetzt werden, um die Aussagefähigkeit dieser Kennzahl zu erhöhen:

$$\text{Eigenkapitalrentabilität} = \frac{\text{Jahresgewinn} \cdot 100}{\varnothing\ \text{Eigenkapital}}$$

Gesamtkapitalrentabilität (Unternehmensrentabilität)

Die Gesamtkapitalrentabilität weist die Höhe der Verzinsung des investierten Gesamtkapitals aus. Sie beantwortet also die Frage, wie erfolgreich das insgesamt eingesetzte Kapital in diesem Unternehmen arbeitet – unabhängig davon, wem es gehört. So können beispielsweise Investoren die Rentabilität von Unternehmen mit unterschiedlichem Eigenkapitalanteil vergleichen. Jedoch müssen dem Jahresgewinn die Fremdkapitalzinsen hinzuaddiert werden, denn sie sind ja in der GuV für die Gewinnermittlung abgezogen worden. Sofern Vorjahreswerte vorliegen, sollte im Nenner das „durchschnittliche Gesamtkapital" angesetzt werden, um die Aussagefähigkeit dieser Kennzahl zu erhöhen:

$$\text{Gesamtkapitalrentabilität} = \frac{(\text{Jahresgewinn} + \text{Fremdkapitalzinsen}) \cdot 100}{\varnothing\ \text{Gesamtkapital}}$$

Der **Leverage-Effekt** bringt die „Hebelwirkung" eines zunehmenden Verschuldungsgrades auf die Eigenkapitalrentabilität zum Ausdruck: So lange die Gesamtkapitalrentabilität höher ist als der Fremdkapitalzins, steigt durch die Aufnahme weiteren Fremdkapitals die Eigenkapitalrentabilität an („positiver Leverage-Effekt"). Je größer die Differenz zwischen Gesamtkapitalrentabilität und Fremdkapitalzins, desto größer ist die Hebelwirkung. In folgendem Beispiel beträgt die Gesamtkapitalrentabilität 10 % und der Fremdkapitalzins 6 % p. a.:

Leverage-Effekt						
Eigenkapital (EUR)	Fremdkapital (EUR)	Gesamtkapital (EUR)	Verschuldungsgrad (%)	Fremdkapitalzinsen (EUR)	Gewinn (EUR)	Eigenkapitalrentabilität (%)
1.000,00	0,00	1.000,00	0 %	0,00	100,00	10,00 %
800,00	200,00	1.000,00	25 %	12,00	88,00	11,00 %
500,00	500,00	1.000,00	100 %	30,00	70,00	14,00 %
200,00	800,00	1.000,00	400 %	48,00	52,00	26,00 %
100,00	900,00	1.000,00	900 %	54,00	46,00	46,00 %

Dieser Effekt kehrt sich jedoch um, wenn die Gesamtkapitalrentabilität geringer ist als der Fremdkapitalzins („negativer Leverage-Effekt"). Für die Maximierung des Eigenkapitals gilt also:

- Gesamtkapitalrentabilität > Fremdkapitalzins = Fremdkapitalanteil erhöhen
- Gesamtkapitalrentabilität < Fremdkapitalzins = Fremdkapitalanteil senken

Sofern der Fremdkapitalzins die Gesamtrentabilität des Unternehmens übersteigt, kann diese Hebelwirkung die Stabilität des Unternehmens gefährden. Die **„optimale Verschuldung"** ist erreicht, wenn die Maximierung der Eigenkapitalrentabilität und die Sicherung der betrieblichen Stabilität im Gleichgewicht sind.

Cashflow

Der Cashflow („Kassenzufluss") drückt die Selbstfinanzierungskraft eines Unternehmens aus. Er weist aus, in welchem Maße ein Unternehmen aus eigener Kraft in der Lage ist, ...

- ... Investitionen zu tätigen („Innenfinanzierungspotenzial"),
- ... Kredite zu tilgen,
- ... Gewinne auszuschütten.[1]

Mit anderen Worten: Der Cashflow ist die Summe der langfristig verfügbaren liquiden Mittel. Der Cashflow ist aussagefähiger als der Gewinn und die daraus abgeleiteten Rentabilitätskennzahlen, da er nicht durch gesetzlich zulässige Bewertungsspielräume manipuliert werden kann.

In Theorie und Praxis gibt es zahlreiche Auslegungen und Berechnungen zum Cashflow, weil unterschiedliche Interessengruppen (vor allem Banken, Unternehmensleitungen und Investoren) unterschiedliche Informationen benötigen. Im Folgenden sollen die beiden grundlegenden Berechnungswege in ihrer einfachsten Form vorgestellt werden:

Indirekte Ermittlung: Die indirekte Methode ermittelt den Cashflow auf Grundlage des Jahresabschlusses (Praktikerformel):

	Jahresüberschuss
+	Abschreibungen
+	Zuführung zu langfristigen Rückstellungen
=	Cashflow

Begründung: Der Jahresüberschuss ist der Gewinn nach Steuern vom Einkommen und Ertrag und steht dem Unternehmen zur Verfügung. Die Abschreibungen erfassen den Wertverlust des Anlagevermögens und mindern entsprechend als Aufwendungen (6520 Abschreibungen auf Sachanlagen) buchhalterisch den Gewinn, sind jedoch nicht mit Auszahlungen verbunden. Das Geld ist also verfügbar. Die Zuführung zu den langfristigen Rückstellungen wird ebenfalls als gewinnmindernder Aufwand gebucht (z. B. 6440 Aufwendungen für Altersversorgung) und ist, wie die Abschreibungen, ebenfalls nicht mit Auszahlungen verbunden.

Direkte Ermittlung: Die direkte Methode greift auf den Finanzplan des Betriebs zurück, der periodisch alle Ein- und Auszahlungen gegenüberstellt. Mit diesem Verfahren wird der Cashflow Periode für Periode kontinuierlich ermittelt („Kapitalflussrechnung"):

	Betriebliche Einzahlungen der Periode
–	Betriebliche Auszahlungen der Periode
=	Cashflow der Periode

Cashflow-Marge

Die Cashflow-Marge (Cashflow-Rendite, Cashflow-Umsatzrelation) drückt aus, welcher Anteil der Umsatzerlöse für Investitionen, Kredittilgung und Gewinnausschüttung zur Verfügung steht. Eine Cashflow-Marge von mehr als 20 % gilt in der betrieblichen Praxis als guter Wert:[2]

$$\text{Cashflow-Marge} = \frac{\text{Cashflow} \cdot 100}{\text{Jahresumsatz}}$$

Abhängig von der Fragestellung des Controllings können zahlreiche weitere Kennzahlen aus dem Cashflow gebildet werden (Cashflow-Investitionsrelation, Cashflow-Kapitalrelation usw.).

[1] vgl. Olfert, Reichel: Finanzierung (2008), Seite 426

[2] vgl. Otte: Die 10 Kriterien der Königsanalyse (2012)

Arten von Finanzkennzahlen

- **Bilanzkennzahlen**
  - Kennzahlen zur vertikalen Bilanzstruktur
  - Kennzahlen zur horizontalen Bilanzstruktur
- **Erfolgskennzahlen**
  - Kennzahlen zur Rentabilität
  - Kennzahlen zum Cashflow

Formelkasten: Bilanzkennzahlen

Kennzahlen zur vertikalen Bilanzstruktur		
Kennzahlen zur Kapitalstruktur		
Eigenkapitalquote	$\frac{\text{Eigenkapital} \cdot 100}{\text{Gesamtkapital}}$	**Regel:** EK : FK = mindestens 1 : 2
Fremdkapitalquote	$\frac{\text{Fremdkapital} \cdot 100}{\text{Gesamtkapital}}$	
Verschuldungsgrad	$\frac{\text{Fremdkapital} \cdot 100}{\text{Eigenkapital}}$	
Kennzahlen zur Vermögensstuktur		
Anlageintensität	$\frac{\text{Anlagevermögen} \cdot 100}{\text{Gesamtkapital}}$	**Regel:** Flexibilität sicherstellen (branchenabhängige Werte)
Umlaufintensität	$\frac{\text{Umlaufvermögen} \cdot 100}{\text{Gesamtkapital}}$	
Kennzahlen zur horizontalen Bilanzstruktur		
Kennzahlen zur Anlagedeckung		
Deckungsgrad I	$\frac{\text{Eigenkapital} \cdot 100}{\text{Anlagevermögen}}$	**Goldene Bilanzregel:** Deckungsgrad I ≥ 100 % Deckungsgrad II ≥ 100 %
Deckungsgrad II	$\frac{(\text{Eigenkapital + langfristiges Fremdkapital}) \cdot 100}{\text{Anlagevermögen}}$	
Kennzahlen zur Liquidität		
Liquidität 1. Grades	$\frac{\text{liquide Mittel} \cdot 100}{\text{kurzfristiges Fremdkapital}}$	**Regel:** ca. 20 %
Liquidität 2. Grades	$\frac{(\text{liquide Mittel + Forderungen}) \cdot 100}{\text{kurzfristiges Fremdkapital}}$	**Regel:** ca. 100 %
Liquidität 3. Grades	$\frac{\text{Umlaufvermögen} \cdot 100}{\text{kurzfristiges Fremdkapital}}$	**Regel:** ca. 200 %

Formelkasten: Erfolgskennzahlen	
Rentabilitätskennzahlen	
Umsatzrentabilität	$\frac{\text{Jahresgewinn} \cdot 100}{\text{Jahresumsatz}}$
Eigenkapitalrentabilität	$\frac{\text{Jahresgewinn} \cdot 100}{\varnothing\ \text{Eigenkapital}}$
Gesamtkapitalrentabilität	$\frac{(\text{Jahresgewinn} + \text{Fremdkapitalzinsen}) \cdot 100}{\varnothing\ \text{Gesamtkapital}}$
Cashflow-Kennzahlen	
Cashflow (indirekte Ermittlung)	Jahresüberschuss + Abschreibungen + Zuführung zu langfristigen Rückstellungen
Cashflow-Marge	$\frac{\text{Cashflow} \cdot 100}{\text{Jahresumsatz}}$

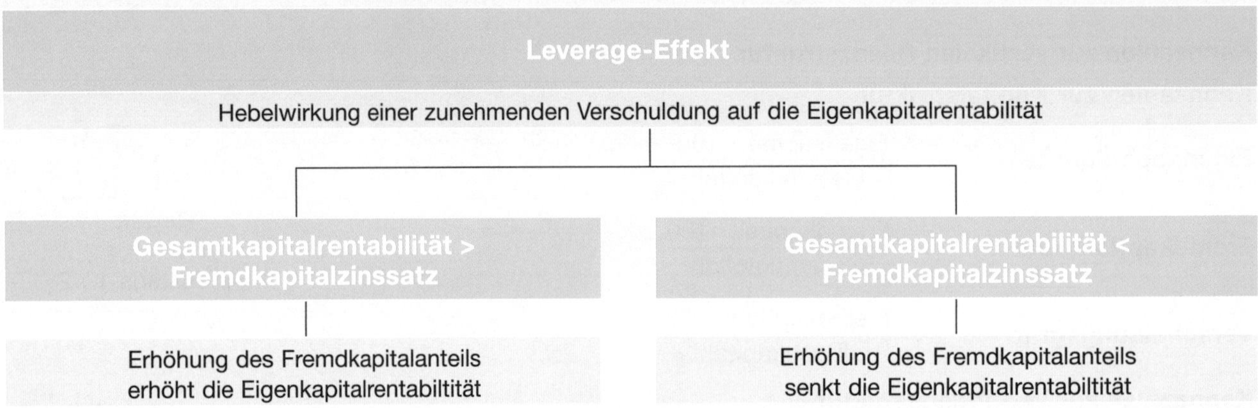

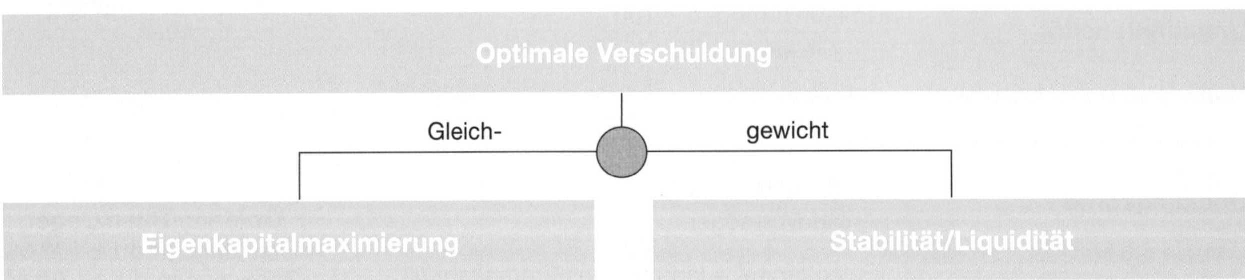

III Vertiefungsaufgaben

1. *Erläutern Sie den Unterschied zwischen „vertikalen“ und „horizontalen“ Bilanzkennzahlen.*

2. *Die Samol AG legt die Ergebnisse ihrer Jahresabschlussanalyse vor:*

- *Verschuldungsgrad: 400 %*
- *Anlageintensität: 65 %*
- *Deckungsgrad II: 95 %*
- *Liquidität 1. Grades: 10 %*
- *Umsatzrentabilität: 1,0 %*
- *Eigenkapitalrentabilität: 5 %*

a) Erläutern Sie die Bedeutung der einzelnen Kennzahlen in einfachen Worten.
b) Beurteilen Sie die Situation unter Einsatz der Finanzierungsregeln.
c) Leiten Sie konkrete betriebswirtschaftliche Empfehlungen zur Verbesserung der Kennzahlen ab.

3. *Ihnen liegt der aktuelle Jahresabschluss der Lassalle GmbH vor:*

Strukturbilanz Lassalle GmbH					
Aktiva	**Geschäftsjahr (EUR)**	**Vorjahr (EUR)**	**Passiva**	**Geschäftsjahr (EUR)**	**Vorjahr (EUR)**
A. Anlagevermögen	910.195	716.568	**A. Eigenkapital**	586.977	533.615
B. Umlaufvermögen			**B. Fremdkapital**		
1 Vorräte	237.840	198.200	1 Langfristiges Fremdkapital	356.759	274.430
2 Forderungen	637.288	579.353	2 Kurzfristiges Fremdkapital	859.882	716.568
3 Flüssige Mittel	18.295	30.492			
Summe	**1.803.618**	**1.524.613**	**Summe**	**1.803.618**	**1.524.613**

In der Bilanz des Vorvorjahres belief sich das Eigenkapital auf 506.934,00 EUR und das Fremdkapital auf 721.142,00 EUR.

Gewinn- und Verlustrechnung Lassalle GmbH			
		Geschäftsjahr (EUR)	**Vorjahr (EUR)**
	Umsatzerlöse	2.177.147	1.814.289
–	Materialaufwand	1.377.698	984.070
–	Personalaufwand[1]	228.600	254.000
–	Abschreibungen auf Sachanlagen	89.807	81.643
–	Sonstige betriebliche Aufwendungen	295.657	281.578
+	Zinserträge	15.048	14.331
–	Zinsaufwendungen	72.998	59.460
=	**Gewinn (vor Steuern)**	**127.435**	**167.869**
–	Steuern vom Einkommen und Ertrag	38.231	50.361
=	**Jahresüberschuss**	**89.204**	**117.508**

[1] Zuführung zu Pensionsrückstellungen im Geschäftsjahr: 11.430,00 EUR (Vorjahr: 12.700,00 EUR)

a) *Ermitteln Sie folgende Bilanzkennzahlen …*

aa) *… zur vertikalen Bilanzstruktur: Eigenkapitalquote (Branchenmittelwert: 32,15 %), Fremdkapitalquote, Verschuldungsgrad, Anlageintensität (Branchenmittelwert: 17,28 %), Umlaufintensität, Vorratsintensität (Branchenmittelwert: 8,80 %).*

ab) *… zur horizontalen Bilanzstruktur: Deckungsgrad I (Branchenmittelwert: 186,08 %), Deckungsgrad II (Branchenmittelwert: 332,28 %), Liquidität 1. Grades (Branchenmittelwert: 21,45 %), Liquidität 2. Grades (Branchenmittelwert: 115,39 %), Liquidität 3. Grades (Branchenmittelwert: 245,36 %).*

b) *Analysieren Sie die Bilanzkennzahlen aus Aufgabe a) und leiten Sie betriebswirtschaftliche Empfehlungen zur Verbesserung der Kennzahlen ab. Berücksichtigen Sie dabei die genannten Branchenmittelwerte sowie die allgemeinen Finanzierungsregeln.*

c) *Ermitteln Sie folgende Erfolgskennzahlen: Umsatzrentabilität (Branchenmittelwert: 7,95 %), Eigenkapitalrentabilität (Branchenmittelwert: 21,43 %) und Gesamtkapitalrentabilität (Branchenmittelwert: 10,94 %), Cashflow und Cashflow-Marge (Branchenmittelwert: 8,67 %).*

d) *Analysieren Sie die Erfolgskennzahlen aus Aufgabe c) und leiten Sie betriebswirtschaftliche Empfehlungen zur Verbesserung der Kennzahlen ab. Berücksichtigen Sie dabei die genannten Branchenmittelwerte.*

4. *Beurteilen Sie kritisch die Aussagefähigkeit der Liquiditätskennzahlen.*

5. *Die Blatter KG ist ein Zulieferbetrieb der Automobilbranche und erreichte im abgelaufenen Geschäftsjahr eine Gesamtkapitalrentabilität in Höhe von 9 %. Der Fremdkapitalzins beträgt derzeit 6,5 % p. a.*

a) *Vervollständigen Sie nachfolgende Tabelle.*

Blatter KG: Leverage-Effekt						
Eigenkapital (EUR)	Fremdkapital (EUR)	Gesamtkapital (EUR)	Verschuldungsgrad (%)	Fremdkapitalzinsen (EUR)	Gewinn (EUR)	Eigenkapitalrentabilität (%)
4.000.000,00	0,00	4.000.000,00				
3.000.000,00	1.000.000,00	4.000.000,00				
2.000.000,00	2.000.000,00	4.000.000,00				
1.000.000,00	3.000.000,00	4.000.000,00				

b) *Erläutern Sie den Leverage-Effekt an diesem konkreten Fall.*

6. *Das Eigenkapital der Sieger GmbH beträgt 600.000,00 EUR, das Unternehmen hat derzeit eine Eigenkapitalquote in Höhe von 15 % und eine Gesamtkapitalrentabilität in Höhe von 6 %. Der Fremdkapitalzins beträgt 5,0 % p. a.*

a) *Ermitteln Sie Verschuldungsgrad, Gewinn und Eigenkapitalrentabilität.*
b) *Wie entwickelt sich die Eigenkapitalrentabilität, wenn der Fremdkapitalzins auf 7 % p. a. ansteigt?*
c) *Leiten Sie eine finanzwirtschaftliche Empfehlung für die Sieger GmbH ab.*

7. *Erläutern Sie in eigenen Worten, was man unter der „optimalen Verschuldung" versteht und wie ein Unternehmen diese erreichen kann.*

I Glossar

Abschreibung, Wertminderung von betrieblichem Anlagevermögen (z. B. durch Verschleiß), welche vom Rechnungswesen erfasst werden. Arten: 1) *bilanzielle Abschreibungen:* Diese mindern als Aufwand in der Gewinn- und Verlustrechnung der Finanzbuchhaltung den Gewinn; 2) *kalkulatorische Abschreibungen:* Diese werden vom Betrieb in die Verkaufspreise einkalkuliert und damit auf die Kunden abgewälzt, um das Anlagegut nach Ablauf der Nutzungsdauer neu beschaffen zu können (⇒Abschreibungsfinanzierung).

Abschreibungsfinanzierung, Abwälzen der Wertminderung von Anlagevermögen auf die Kunden. Dazu werden die kalkulatorischen ⇒Abschreibungen in die Verkaufspreise einkalkuliert und fließen somit Jahr für Jahr über die Umsatzerlöse in das Unternehmen zurück. Am Ende der Nutzungsdauer steht das ⇒Kapital für die Wiederbeschaffung des Anlagegutes wieder zur Verfügung. Man spricht deshalb auch von „Rückflussfinanzierung".

Abzinsung, finanzmathematische Berechnung des gegenwärtigen Wertes einer zukünftigen Zahlung unter Berücksichtigung von Zinsen.

Alte Aktien sind die ⇒Aktien, die vor einer ⇒Kapitalerhöhung im Umlauf sind.

Aktie, Wertpapier, das Anteils- und Mitgliedschaftsrechte an einer Aktiengesellschaft verbrieft.

Amortisation, Zeitraum, in dem investiertes ⇒Kapital durch Umsatzerlöse wieder in das Unternehmen zurückgeflossen ist.

Anlagekapitalbedarf, Bedarf an Finanzmitteln zur Finanzierung von Anlagevermögen und langfristig gebundenem Umlaufvermögen.

Auszahlungswirksam, zu Auszahlungen führend

Außenfinanzierung, Zuführung von Finanzmitteln, welche nicht vom Unternehmen selbst erwirtschaftet, sondern von Eigen- oder Fremdkapitalgebern („von außen") eingebracht werden.

Barwert, der durch ⇒Abzinsung auf den heutigen Tag umgerechnete Wert einer zukünftigen Zahlung.

Beteiligungsfinanzierung, Zuführung von Eigenkapital durch bisherige oder neue Unternehmenseigentümer, z. B. durch Leisten einer Bar- oder Sacheinlage für eine Personengesellschaft oder durch den Kauf von Aktien einer Aktiengesellschaft.

Bilanz, Gegenüberstellung von ⇒Vermögen („Aktiva", linke Seite) und ⇒Kapital („Passiva", rechte Seite) eines Unternehmens zu einem Stichtag.

Bilanzgewinn: Jahresüberschuss unter Berücksichtigung von Gewinn-/Verlustvortrag des Vorjahres und der Gewinnverwendung (Einstellung/Entnahmen aus Rücklagen)

Cashflow (Kassenzufluss), Überschuss der Einzahlungen über die Auszahlungen einer Periode. Der Cashflow kann indirekt mithilfe des Jahresüberschusses oder direkt mithilfe des Finanzplans ermittelt werden.

Darlehen, schuldrechtlicher Vertrag, der einen i. d. R. langfristigen ⇒Kredit begründet.

Eigenfinanzierung, Zuführung von Finanzmitteln, welche den Unternehmenseigentümern (Einzelunternehmer, Gesellschafter) gehören und damit Eigentum des Unternehmens sind.

Factoring, Verkauf von Forderungen (offenen Ausgangsrechnungen) an ein Factoringinstitut, um sofort über das Geld verfügen zu können und um ggf. mögliche Ausfallrisiken abzuwälzen („Delkrederefunktion"). Weil das Factoring den Zeitraum bis zur Fälligkeit der Ausgangsrechnung überbrückt, wird es als ⇒Kreditsubstitut eingeordnet.

Finanzierung, Bereitstellung finanzieller Mittel für Investitionen, ihre Struktur kann auf der Passivseite der ⇒Bilanz abgelesen werden.

Finanzierungskonzept, schriftliche Ausarbeitung, in der begründet dargelegt wird, wie eine ⇒Investition finanziert werden sollte. Kernbestandteile sind Berechnungen und Schlussfolgerungen.

Finanzierungsmodell, Kombination verschiedener Finanzierungsarten zur ⇒Finanzierung betrieblichen ⇒Vermögens.

Finanzplan, tabellarische Gegenüberstellung der Ein- und Auszahlungen einer Periode. Man unterscheidet kurz-, mittel- und langfristige Finanzpläne. Ein kurzfristiger Finanzplan wird auch als „Liquiditätsplan" bezeichnet.

Finanzplanung, Prozess der Prognose und Gestaltung zukünftiger Ein- und Auszahlungsströme unter Berücksichtigung finanzwirtschaftlicher ⇒Ziele.

Finanzwirtschaftliche Ziele, ⇒Ziele der Finanzwirtschaft.

Fremdfinanzierung, Zuführung von Finanzmitteln durch externe Kapitalgeber (z. B. Banken) für einen begrenzten Zeitraum.

Fristenkongruenz, Übereinstimmung von Kapitalbindung und Kapitalüberlassung. Langfristiges Vermögen ist langfristig und kurzfristiges Vermögen ist kurzfristig zu finanzieren.

Gewinn, positive Differenz aus Erträgen und Aufwendungen vor Steuern vom Einkommen und Ertrag, welche in der Gewinn- und Verlustrechnung (GuV) ermittelt wird.

Goldene Bilanzregel, diese konkretisiert die ⇒Goldene Finanzierungsregel: *a) enge Variante:* Deckungsgrad I > 100 %; *b) weite Variante:* Deckungsgrad II > 100 %.

Goldene Finanzierungsregel, Finanzierungsregel, welche die Einhaltung der ⇒Fristenkongruenz verlangt.

Inhaberaktien werden formlos durch Einigung und Übergabe (gemäß § 929 BGB) übertragen. Der jeweilige Inhaber (Eigentümer und Besitzer) der Aktie bleibt anonym und kann die mit der Aktie verbrieften Rechte geltend machen. In Deutschland waren Inhaberaktien wegen ihrer leichten Übertragbarkeit („Fungibilität") in der Vergangenheit üblich, sie weichen jedoch zunehmend der ⇒Namensaktie.

Innenfinanzierung, Nutzung von Finanzmitteln, die das Unternehmen aus eigener Kraft erwirtschaftet hat – vor allem durch Umsatzerlöse, aber auch durch andere Erträge (z. B. Zinserträge).

Investition, Verwendung und damit Bindung finanzieller Mittel mit dem Ziel, zukünftig Erträge zu erwirtschaften. Auf der Aktivseite der ⇒Bilanz kann abgelesen werden, wie das ⇒Kapital investiert ist.

Investitionskonzept, schriftliche Ausarbeitung, in der die Vorteilhaftigkeit einer ⇒Investition gegenüber einer oder mehrerer Alternativen hergeleitet wird. Kernbestandteile sind Investitionsrechnungen und begründete Schlussfolgerungen.

Jahresüberschuss, ⇒Gewinn nach Abzug von Steuern vom Einkommen und Ertrag.

Junge Aktien (neue Aktien) sind die bei einer Kapitalerhöhung emittierten Aktien. Sie können als ⇒Stamm- und als ⇒Vorzugsaktien ausgegeben werden.

Kalkulatorischer Zinssatz, ein vom Unternehmen festgelegter Zinssatz, der sich am langfristigen Kapitalmarktzins orientiert und den Preis des Kapitals – unabhängig von dessen Herkunft – ausdrückt.

Kapital, Geldmittel, die in das ⇒Vermögen eines Unternehmens investiert sind. Es wird auf der Passivseite der ⇒Bilanz ausgewiesen. Kapital und Vermögen stehen stets in einem spiegelbildlichen Verhältnis, ihre Höhe entspricht der Bilanzsumme.

Kapitalbedarfsermittlung, Sammelbegriff für die einmalige ⇒Kapitalbedarfsrechnung und die laufende ⇒Kapitalbedarfsplanung.

Kapitalbedarfsplanung, laufende Planung des Kapitalbedarfs mithilfe des ⇒Finanzplans.

Kapitalbedarfsrechnung, Berechnung des einmaligen Kapitalbedarfs bei Unternehmensgründungen und Erweiterungsinvestitionen.

Kapitalerhöhung, Maßnahmen zur Erhöhung des Eigenkapitals.

Kapitalwert, Kennziffer der dynamischen Investitionsrechnung. Er ergibt sich aus der Summe der ⇒Barwerte einer Investition.

Kennzahl, Maßzahl zur Quantifizierung betriebswirtschaftlicher Sachverhalte, die eine Bewertung ermöglichen und als Entscheidungsgrundlage dienen.

Kontokorrentkredit, kurzfristiger Kredit auf einem laufenden Konto, dessen Zinsen sich nach der Höhe der tatsächlichen Inanspruchnahme des Kredits richten.

Kredit, Überlassung von Kapital (Geld- oder vertretbarem Realkapital) auf Zeit. Der Kreditnehmer muss den Kredit nach Ablauf der vereinbarten Zeit zurückzahlen.

Kreditsubstitut, „Kreditersatz", kreditnahe Variante der ⇒Finanzierung (⇒Factoring, ⇒Leasing).

Leasing, entgeltliche Überlassung eines Wirtschaftsgutes (z. B. eines Kraftfahrzeugs oder einer Maschine) auf Zeit durch eine Leasinggesellschaft. Leasingverträge haben eine eigene Rechtsnatur (Kombination aus Miet-, Kauf- und Darlehensverträgen usw.) und werden als ⇒Kreditsubstitut eingeordnet.

Leverage-Effekt, Hebelwirkung des Verschuldungsgrades auf die Eigenkapitalrentabilität. Ist die Gesamtkapitalrentabilität größer als der Fremdkapitalzins, so ist die Hebelwirkung positiv, sonst negativ.

Lieferantenkredit, ⇒Kredit, den der Lieferant indirekt gewährt, indem er nach Ablauf der Skontofrist den vollen Rechnungsbetrag verlangt. Dieser ist so kalkuliert, dass er bereits die Kreditzinsen enthält.

Liquide Mittel, flüssige Geldmittel in Form von Bankguthaben und Kassenbestand.

Liquidität (von lat. „liquidus", flüssig), Fähigkeit, jederzeit seinen fälligen Zahlungsverpflichtungen nachkommen zu können.

Liquiditätsplan, kurzfristiger ⇒Finanzplan.

Liquidationserlös, der Verkaufserlös eines Investitionsobjekts, welcher nach Ablauf seiner Nutzungsdauer noch erzielt werden kann.

Namensaktie, Aktie, die auf den Namen des Aktionärs lautet. Alle Aktionäre werden mit Namen, Geburtsdatum, Adresse, Stückzahl oder Aktiennummern und Nennbetrag (bei Nennwertaktien) in einem digitalen Aktienbuch geführt. Namensaktien erleichtern der AG die Kommunikation mit den Aktionären und machen die Aktionärsstruktur transparent. Die Übertragung einer

Namensaktie erfolgt durch Einigung, Übergabe, Indossament (Übertragungsvermerk) und Umschreibung im Aktienbuch. Sofern die Übertragung von Namensaktien an die Zustimmung der AG gebunden ist, spricht man von „vinkulierten Namensaktien“. Die Namensaktie ist in den internationalen Börsen vorherrschend und gewinnt auch in Deutschland zunehmend an Bedeutung gegenüber der ⇒Inhaberaktie.

Nennwertaktie, Aktie, die auf einen bestimmten Nennwert lautet (mindestens 1 EUR oder ein Vielfaches davon, üblich sind 1 oder 5 EUR). Die Summe der Nennwerte ergibt das Grundkapital der AG. Nennwertaktien dürfen nicht unter ihrem Nennwert („unter pari“) ausgegeben werden, ein höherer Ausgabebetrag („über pari“) ist erlaubt. Der Nennbetrag dient als Bemessungsgrundlage für Stimmrecht und Gewinnverteilung der Aktionäre. Bis 1998 waren in Deutschland nur Nennwertaktien zulässig. Gegenteil: ⇒Stückaktie

Optimale Verschuldung, Verschuldung, bei der die Maximierung der Eigenkapitalrentabilität einerseits und die Stabilität des Betriebes andererseits im Gleichgewicht sind.

Rentabilität, Rendite, Verzinsung des (durchschnittlich) eingesetzten ⇒Kapitals. Man unterscheidet die Eigenkapitalrentabilität („Unternehmerrentabilität“) und die Gesamtkapitalrentabilität („Unternehmensrentabilität“).

Restwert, Wert, den ein Investitionsobjekt nach Ablauf seiner Nutzungsdauer noch hat. Dieser entspricht dem „Liquiditätserlös“.

Rückflussfinanzierung, ⇒Abschreibungsfinanzierung.

Rückstellungen, Schulden (Verbindlichkeiten), die zum Zeitpunkt ihrer Entstehung dem Grunde nach bekannt sind, deren Höhe und Fälligkeit jedoch noch ungewiss ist (z. B. Pensionsrückstellungen für vertraglich vereinbarte Betriebsrenten oder Rückstellungen für erwartete Steuernachzahlungen). Diese Gelder werden im Unternehmen zurückgehalten und auf der Passivseite der Bilanz erfasst.

Selbstfinanzierung, ⇒Finanzierung durch Anteile aus realisierten Gewinnen.

Sicherheit, finanzwirtschaftliches Ziel: Sicherheit von Investoren bzw. Kapitalgebern, ihr Geld zurückzubekommen.

Stammaktie, Aktie, die auf dem Gleichheitsprinzip beruht und in Deutschland vorherrschend ist. Stammaktien verbriefen gleiche Rechte für alle Aktionäre, vor allem das Teilnahmerecht an der Hauptversammlung, Auskunfts-, Vorschlags-, Antrags- und Stimmrechte auf der Hauptversammlung, Bezugsrecht bei Kapitalerhöhungen und den Anspruch auf Dividende und auf Anteil am Liquidationserlös. Gegenteil: ⇒Vorzugsaktie.

Stückaktie, Aktie, die nicht auf einen Nennwert lautet, sondern einen stückbezogenen Anteil am Grundkapital verbrieft, welcher bei allen Stückaktien gleich hoch ist (z. B. „ein millionstel Anteil“). Teilt man das Grundkapital durch die Anzahl der Stückaktien, so erhält man den „fiktiven Nennwert“, der mindestens 1 EUR betragen muss. Die Anzahl an Stückaktien dient als Bemessungsgrundlage für Stimmrecht und Gewinnverteilung der Aktionäre. Stückaktien kommen aus dem angelsächsischen Raum und sind in Deutschland erst seit 1998 erlaubt. Viele Unternehmen haben von ⇒Nennwertaktien auf Stückaktien umgestellt, um umständliche Nennbetragsglättungen oder Neustückelungen im Zuge der Euroumstellung zu vermeiden. Gegenteil: ⇒Nennwertaktie.

Tilgung, Rückzahlung von Schulden in Form regelmäßiger Teilzahlungen.

Unabhängigkeit, finanzwirtschaftliches ⇒Ziel, das darin besteht, den Einfluss von Eigen- sowie Fremdkapitalgebern zu begrenzen.

Umlaufkapitalbedarf, Bedarf an Finanzmitteln zur Finanzierung von Umlaufvermögen und auszahlungswirksamen Aufwendungen.

Vermögen, Summe der materiellen und immateriellen Güter eines Unternehmens, in die das betriebliche ⇒Kapital investiert und damit gebunden ist. Es wird auf der Aktivseite der ⇒Bilanz ausgewiesen.

Vorzugsaktie, Aktie, die bestimmten Aktionären (z. B. Mitarbeitern der AG) besondere Rechte einräumt, etwa bei der Gewinnverteilung, der Verteilung des Liquidationserlöses oder dem Bezugsrecht. In Deutschland sind Vorzugsaktien i. d. R. mit Nachteilen für den Aktionär (z. B. dem Verzicht auf ein Stimmrecht in der Hauptversammlung) gekoppelt. Gegenteil: ⇒Stammaktie

Ziele der Finanzwirtschaft, auch: finanzwirtschaftliche Entscheidungskriterien: ⇒Liquidität, ⇒Rentabilität, ⇒Sicherheit, ⇒Unabhängigkeit.

J Anhang

Anhang 1: Finanzmathematische Tabellen

Abzinsungsfaktoren $\frac{1}{(1 + i)^t}$

n	Zinssatz (i) 5,0 %	5,5 %	6,0 %	6,5 %	7,0 %	7,5 %	8,0 %	8,5 %	9,0 %	9,5 %
1	0,952381	0,947867	0,943396	0,938967	0,934579	0,930233	0,925926	0,921659	0,917431	0,913242
2	0,907029	0,898452	0,889996	0,881659	0,873439	0,865333	0,857339	0,849455	0,841680	0,834011
3	0,863838	0,851614	0,839619	0,827849	0,816298	0,804961	0,793832	0,782908	0,772183	0,761654
4	0,822702	0,807217	0,792094	0,777323	0,762895	0,748801	0,735030	0,721574	0,708425	0,695574
5	0,783526	0,765134	0,747258	0,729881	0,712986	0,696559	0,680583	0,665045	0,649931	0,635228
6	0,746215	0,725246	0,704961	0,685334	0,666342	0,647962	0,630170	0,612945	0,596267	0,580117
7	0,710681	0,687437	0,665057	0,643506	0,622750	0,602755	0,583490	0,564926	0,547034	0,529787
8	0,676839	0,651599	0,627412	0,604231	0,582009	0,560702	0,540269	0,520669	0,501866	0,483824

n	Zinssatz (i) 10,0 %	10,5 %	11,0 %	11,5 %	12,0 %	12,5 %	13,0 %	13,5 %	14,0 %	14,5 %
1	0,909091	0,904977	0,900901	0,896861	0,892857	0,888889	0,884956	0,881057	0,877193	0,873362
2	0,826446	0,818984	0,811622	0,804360	0,797194	0,790123	0,783147	0,776262	0,769468	0,762762
3	0,751315	0,741162	0,731191	0,721399	0,711780	0,702332	0,693050	0,683931	0,674972	0,666168
4	0,683013	0,670735	0,658731	0,646994	0,635518	0,624295	0,613319	0,602583	0,592080	0,581806
5	0,620921	0,607000	0,593451	0,580264	0,567427	0,554929	0,542760	0,530910	0,519369	0,508127
6	0,564474	0,549321	0,534641	0,520416	0,506631	0,493270	0,480319	0,467762	0,455587	0,443779
7	0,513158	0,497123	0,481658	0,466741	0,452349	0,438462	0,425061	0,412125	0,399637	0,387580
8	0,466507	0,449885	0,433926	0,418602	0,403883	0,389744	0,376160	0,363106	0,350559	0,338498

Kapitalwiedergewinnungsfaktor $\frac{i\,(1 + i)^n}{(1 + i)^n - 1}$

n	Zinssatz (i) 5,0 %	5,5 %	6,0 %	6,5 %	7,0 %	7,5 %	8,0 %	8,5 %	9,0 %	9,5 %
1	1,050000	1,055000	1,060000	1,065000	1,070000	1,075000	1,080000	1,085000	1,090000	1,095000
2	0,537805	0,541618	0,545437	0,549262	0,553092	0,556928	0,560769	0,564616	0,568469	0,572327
3	0,367209	0,370654	0,374110	0,377576	0,381052	0,384538	0,388034	0,391539	0,395055	0,398580
4	0,282012	0,285294	0,288591	0,291903	0,295228	0,208568	0,301921	0,305288	0,308669	0,312063
5	0,230975	0,234176	0,237396	0,240635	0,243891	0,247165	0,250456	0,253766	0,257092	0,260436
6	0,197017	0,200179	0,203363	0,206568	0,209796	0,213045	0,216315	0,219607	0,222920	0,226253
7	0,172820	0,175964	0,179135	0,182331	0,185553	0,188800	0,192072	0,195369	0,198691	0,202036
8	0,154722	0,157864	0,161036	0,164237	0,167468	0,170727	0,174015	0,177331	0,180674	0,184046

n	Zinssatz (i) 10,0 %	10,5 %	11,0 %	11,5 %	12,0 %	12,5 %	13,0 %	13,5 %	14,0 %	14,5 %
1	1,100000	1,105000	1,110000	1,115000	1,120000	1,125000	1,130000	1,135000	1,140000	1,145000
2	0,576190	0,580059	0,583934	0,587813	0,591698	0,595588	0,599484	0,603384	0,607290	0,611200
3	0,402115	0,405659	0,409213	0,412776	0,416349	0,419931	0,423522	0,427122	0,430731	0,434350
4	0,315471	0,318892	0,322326	0,325774	0,329234	0,332708	0,336194	0,339693	0,343205	0,346729
5	0,263797	0,267175	0,270570	0,273982	0,277410	0,280854	0,284315	0,287791	0,291284	0,294792
6	0,229607	0,232982	0,236377	0,239791	0,243226	0,246680	0,250153	0,253646	0,257157	0,260688
7	0,205405	0,208799	0,212215	0,215655	0,219118	0,222603	0,226111	0,229641	0,233192	0,236766
8	0,187444	0,190869	0,194321	0,197799	0,201303	0,204832	0,208387	0,211966	0,215570	0,219198

Anhang 2: Checkliste: Investitionskonzept

Checkliste: Entwickeln eines Investitionskonzepts	
Vorbereitungsarbeiten	
☐	Wurde eine ausreichende Anzahl alternativer Investitionsobjekte recherchiert?
☐	Liegen relevante technische Daten (Leistung, Größe usw.) der Investitionsobjekte vor?
☐	Wurden sämtliche Kosten aller Investitionsobjekte in Erfahrung gebracht?
☐	Wurde geprüft, ob ein Restwert (Liquidationserlös) zu erwarten ist – und ist er realistisch?
☐	Ist der kalkulatorische Zinssatz des Unternehmens bekannt?
☐	Sind die erwarteten Umsatzerlöse der einzelnen Nutzungsjahre geklärt und realistisch?
Statische Investitionsrechnungen	
☐	Wurden die Gesamtkosten und die Stückkosten aller Alternativen ermittelt?
☐	Wurden die Gesamtgewinne und die Stückgewinne aller Alternativen ermittelt?
☐	Wurden kostenkritische und/oder gewinnkritische Mengen ermittelt?
☐	Wurde die Rentabilität aller Alternativen ermittelt?
☐	Wurden die Amortisationszeiträume aller Alternativen ermittelt?
Dynamische Investitionsrechnungen	
☐	Wurde der Kapitalwert aller Alternativen ermittelt?
☐	Wurde der interne Zinsfuß aller Alternativen ermittelt?
☐	Wurden die Annuitäten aller Alternativen ermittelt?
Qualitative Entscheidungskriterien	
☐	Wurden technische Merkmale (z. B. Störanfälligkeit, Lärm usw.) berücksichtigt?
☐	Wurden Aspekte des Umweltschutzes (Zertifikate, Materialien usw.) berücksichtigt?
☐	Wurde die Qualität des Lieferanten (Zuverlässigkeit, Lieferzeit usw.) berücksichtigt?
☐	Wurden sonstige Aspekte (Ergonomie, rechtliche Vorgaben usw.) berücksichtigt?
Investitionsempfehlung	
☐	Wurden alle quantitativen und qualitativen Ergebnisse in der Nutzwertanalyse erfasst?
☐	Wurden die Bewertungen und Gewichtungen der Nutzwertanalyse plausibel begründet?
☐	Wurde eine nachvollziehbare Investitionsempfehlung abgeleitet?
Abschlussarbeiten	
☐	Sind alle Berechnungen und alle Texte für Dritte gut lesbar und nachvollziehbar?
☐	Sind aussagefähige Fotos (z. B. von den Investitionsobjekten) im Text enthalten?
☐	Wurden ein Deckblatt, ein Inhaltsverzeichnis (mit Seitenzahlen) und eine Einleitung erstellt?
☐	Wurde das Konzept in ausreichender Anzahl ausgedruckt und gebunden?
☐	Wurde der Erhalt durch den/die Empfänger (ggf. schriftlich) bestätigt?

Anhang 3: Checkliste: Finanzierungskonzept

Checkliste: Entwickeln eines Finanzierungskonzepts	
Vorbereitungsarbeiten	
☐	Wurde der langfristige Anlagekapitalbedarf (z. B. Vorbereitungskosten) vollständig ermittelt?
☐	Wurde zusätzlich der kurzfristige Umlaufkapitalbedarf vollständig ermittelt?
☐	Sind die zugehörigen Kapitalbindungsdauern vollständig ermittelt und realistisch?
Innenfinanzierung	
☐	Wurden die verfügbaren Gewinne ermittelt („offene Selbstfinanzierung“)?
☐	Kann zusätzlich auf stille Reserven zurückgegriffen werden („verdeckte Selbstfinanzierung“)?
☐	Sind die verfügbaren Abschreibungsrückflüsse ermittelt?
☐	Sind die verfügbaren Zuführungen zu den Rückstellungen ermittelt?
☐	Sind die einkalkulierten Beträge tatsächlich verfügbar, ohne die Liquidität zu gefährden?
Beteiligungsfinanzierung	
☐	Wurden alle Kosten der Beteiligungsfinanzierung (z. B. Gebühren, Emissionskosten) bedacht?
☐	Ist eine ausreichende Mehrheit der bisherigen Gesellschafter einverstanden?
☐	Bleibt das Unternehmen in ausreichendem Maße unabhängig?
Kreditfinanzierung	
☐	Wurde die Kreditfähigkeit und Kreditwürdigkeit des Kreditnehmers ausreichend überprüft?
☐	Wurden alternative Angebote für lang- und kurzfristige Kredite eingeholt?
☐	Wurden öffentliche Darlehen (z. B. KfW-Darlehen) einbezogen?
☐	Wurden alternative Leasingangebote eingeholt?
☐	Wurden versteckte Kosten (Gebühren, Provisionen, Disagio usw.) berücksichtigt?
☐	Kann der Kreditnehmer ausreichende Sicherheiten liefern und entbehren?
Finanzierungsempfehlung	
☐	Wurden alternative Finanzierungsmodelle entwickelt und überprüft?
☐	Liegen alle quantitativen und qualitativen Ergebnisse vor?
☐	Wurden bei der Nutzwertanalyse die finanzwirtschaftlichen Ziele berücksichtigt?
☐	Wurden die Bewertungen und Gewichtungen der Nutzwertanalyse plausibel begründet?
☐	Wurde eine nachvollziehbare Finanzierungsempfehlung abgeleitet?
Abschlussarbeiten	
☐	Sind alle Berechnungen und alle Texte für Dritte gut lesbar und nachvollziehbar?
☐	Wurden ein Deckblatt, ein Inhaltsverzeichnis (mit Seitenzahlen) und eine Einleitung erstellt?
☐	Wurde das Konzept in ausreichender Anzahl ausgedruckt und gebunden?
☐	Wurde der Erhalt durch den/die Empfänger (ggf. schriftlich) bestätigt?

K Bildquellenverzeichnis

dpa Infografik GmbH, Hamburg: S. 81
Gaby Hustedt, Bremen/BV1: S. 12, 13, 14, 85
MEV Verlag GmbH, Ausgburg: S. 6, 10
www.fotolia.com – bilderbox: S. 103

L Quellenverzeichnis

Bacher, U.: *BWL kompakt – Praxiswissen der Bilanzierung, Investition und Finanzierung,* 6. vollständig überarbeitete Auflage inklusive Änderungen nach dem BilMoG, Wiesbaden 2008

Becker, H. P.: *Investition und Finanzierung,* 4. überarbeitete und erweiterte Auflage, Wiesbaden 2010

Bösl, K: *Praxis des Börsengangs:* Ein Leitfaden für mittelständische Unternehmen, Wiesbaden 2004

Bundesverband deutscher Leasingunternehmen: *Jahres- und Strukturdaten*, Stand: 2011, URL: http://bdl.leasingverband.de/zahlen-fakten/leasing-in-deutschland/jahres-und-strukturdaten, abgerufen am 04. Januar 2012

Bürgel GmbH & Co KG: *Firmeninsolvenzen Gesamtjahr 2010,* URL: http://www.buergel.de/presse/studien-analysen/482-firmeninsolvenzen-gesamtjahr-2010.html, abgerufen am 14. April 2012

Däumler, K.-D., Grabe, J.: *Betriebliche Finanzwirtschaft,* 9. vollständig überarbeitete Auflage, Herne 2008

Deutsche Bundesbank: *Hochgerechnete Angaben aus Jahresabschlüssen deutscher Unternehmen von 1997 bis 2009,* URL: http://www.bundesbank.de/statistik/statistik_wirtschaftsdaten_tabellen.php#unternehmensbilanzstatistik, abgerufen am 15. März 2012

Deutsche Bundesbank: *Monatsbericht März 2006*, 58. Jahrgang Nr. 3, Frankfurt 2006

Deutsche Bundesbank: *Ertragslage und Finanzierungsverhältnisse deutscher Unternehmen im Jahre 2008,* in: Monatsbericht 2010, Frankfurt 2010

Ehebrecht, H. P., Klein, V., Krenitz M.: *Finanzierung und Investition,* 6. Auflage, Köln 2012

Ellrott, H. u. a.: *Beck'scher Bilanzkommentar,* 8. Auflage, München 2011

Hauser, M., Warns: *Grundlagen der Finanzierung,* 4. überarbeitete und aktualisierte Auflage, Heidenau 2008

Jahrmann, F.-U.: *Finanzierung*, 6. vollständig überarbeitete Auflage, Herne 2009

Mathesius, J.: *Finanzierung,* Dänischenhagen 2006

Olfert, K., Reichel, C.: *Finanzierung,* 14., verbesserte und aktualisierte Auflage, Ludwigshafen (Rhein) 2008

Otte, M: *Die 10 Kriterien der Königsanalyse im Überblick,* URL: http://maxotte.de/anlagestrategie/15, abgerufen am 21. April 2012

Perridon, L., Steiner, M., Rathgeber, A. W.: *Finanzwirtschaft der Unternehmung,* 15. überarbeitete und aktualisierte Auflage, München 2009

Rollwage, N.: *Finanzierung,* 5. Auflage, Schindellegi 2010

Rollwage, N.: *Investition,* 3. Auflage, Schindellegi 2010

Speth, H. u. a.: *Betriebswirtschaftslehre mit Rechnungswesen für das Wirtschaftsgymnasium*, Band 2, 9. Auflage, Rinteln 2009

Zantow, R.: *Finanzwirtschaft des Unternehmens*, 2. aktualisierte Auflage, München 2007

M Sachwortverzeichnis

A

B

C

D

E

F

G

T

U

V

Z